JEHAN VITTEMENT

JEHAN VITTEMENT

NÉ A DORMANS

RECTEUR DE L'UNIVERSITÉ DE PARIS

LECTEUR DES ENFANTS DE FRANCE

ET SOUS-PRÉCEPTEUR DE LOUIS XV

1655-1731

Præcipuum munus annalium reor, ne virtutes sileantur. (Ann. III, 65, TACITE).
Le principal objet de l'histoire est de préserver les vertus de l'oubli.

PAR M. L'ABBÉ DESJARDINS

CURÉ DE MATOUGUES, ANCIEN VICAIRE DE DORMANS,

MEMBRE CORRESPONDANT DE LA SOCIÉTÉ ACADÉMIQUE DE LA MARNE.

(La Société d'Agriculture, Commerce, Sciences et Arts du département de la Marne
a décerné à ce travail une médaille d'argent, 23 août 1883.)

CHALONS-SUR-MARNE

F. THOUILLE, IMPRIMEUR-LIBRAIRE

1884

ARMES DE LA VILLE DE DORMANS.

AUX DORMANISTES.

*A vous qui avez eu les prémices de son ministère,
avec ses premières joies et ses premières épreuves, celui
qui durant huit années et demie a vécu de votre vie,
dédie cet humble travail en témoignage de son affectueux
souvenir !*

A. DESJARDINS,

CURÉ DE MATOUGUES,
ANCIEN VICAIRE DE DORMANS.

INTRODUCTION

La *Notice biographique* que nous publions aujourd'hui
n'est qu'un premier chapitre de nos études sur l'*Histoire
ancienne de Dormans* (1), depuis plusieurs années en
préparation. Profondément convaincu de notre insuffi-
sance pour toute œuvre historique qui veut vivre, mais
irrésistiblement poussé par le charme de nos décou-
vertes, à faire connaître ce petit coin de Champagne et de
Brie jusqu'alors inexploré, nous osons réclamer conseil
et bienveillance, en attendant qu'il nous soit permis de
montrer, par les faits et les documents les plus authen-
tiques, que Dormans, de la fin du xive siècle à la Révolution française, eut des institutions, une vie intellectuelle,
des hommes illustres, et nous offre des souvenirs glorieux que toutes nos grandes villes peut-être ne sauraient
revendiquer.

Esquissons en quelques traits la physionomie de

(1) Dormans, dans une charte de 1085, est désigné : *altare de
vico duromannensi*, adjectif qui fait supposer le substantif *duro-
mannum*, où il est facile de discerner deux radicaux celtiques :
dur et *man*. Dormans serait donc d'origine gauloise : c'est
d'ailleurs le sentiment formel du regretté directeur de l'École des
chartes, M. Quicherat, auquel nous avions soumis nos idées sur
cette étymologie.

Dormans, spécialement à l'époque où parut notre personnage : aussi bien, si la plante doit souvent à la nature du sol sa vigueur et sa beauté, le milieu physique et moral, dans lequel naît et grandit un homme, explique, en les dirigeant parfois, ses aptitudes et ses destinées. Au commencement du XVII⁰ siècle, Dormans est encore place forte du royaume; il entre à ce titre dans le *Recueil* de *Tassin*, géographe de Louis XIII, planche 50⁰. Voici le château : adossé à la colline du Chêne, il bat la ville et la domine au sud-est. Flanqué aux quatre angles de fortes et hautes tours rondes, à mâchicoulis et à toits en pointe, il a conservé sa majesté de forteresse féodale; ses fossés profonds et larges de plus de quarante pieds sont remplis d'une eau courante, son pont-levis est défendu par deux tours avancées plus considérables que celles du château. Mais il n'a plus l'aspect formidable et le mouvement des grands jours de guerre : ni les hommes d'armes, ni la sentinelle qui veille la hallebarde ou l'arquebuse au poing, ni la cloche du beffroi, ni les notes éclatantes du cor de chasse ou de la trompette d'alarme; l'aménagement intérieur indique la recherche des agréments de la vie plus que des moyens de défense, on va ouvrir des fenêtres, planter un parc, tracer des allées. A cette époque, le noble seigneur châtelain est surintendant des finances, prince de sang royal ou conseiller du Roi (1).

La ville est à découvert; son enclave assez étroite, renfermant à peine un millier d'habitants, figure assez bien une manière d'hexagone irrégulier, allongé le long de la Marne qui la protège au nord. De larges fossés à l'est, au sud et à l'ouest, bientôt inondés au moyen

(1) Le grand Condé fait exception et, par ses démêlés avec la cour, attire un moment les hommes de guerre à Dormans.

d'écluses et de canaux par les sources abondantes du château, l'enveloppent comme d'une ceinture et se déroulent autour des remparts, hautes terrasses appuyées de murs et de tours échelonnées. C'est la grande route de Paris en Allemagne et aux Trois-Evêchés ; elle pénètre dans la ville au sud par la porte de la *Rue-du-Château* à travers le faubourg de Chavenay ; elle en sort à l'est par la porte de *Châlons* sur le faubourg du même nom. A l'ouest, près du bac, est la porte *Saint-Nicolas*, devant laquelle s'étend le faubourg de Marne : c'est le quartier général des mariniers très-dévots à leur saint patron.

La porte de *Brie* tient au pavillon de l'Arquebuse au sud-est (1) ; enfin une poterne, gardée par deux bastions, donne accès à la rivière au nord (2). Les faubourgs de *Marne* et de *Châlons* datent de la route primitive : quand celle-ci fut déplacée, après la démolition du pont, en 1575 (3), et transportée de la porte *Saint-Nicolas* à la porte de la *Rue-du-Château*, elle donna naissance au faubourg de Chavenay.

Entrons dans la ville : la grande rue, qui tourne brus-

(1) A l'extrémité de la rue actuelle dite de la *Pissotte* ou de l'*Arquebuse*.

(2) Encore aujourd'hui la rue de la *Poterne* conserve ce souvenir.

(3) Le 20 juillet 1575 eut lieu la bataille de Dormans. C'est là que le duc de Guise fut *balafré* ; les habitants, pour se mettre à l'abri également des reîtres allemands et des troupes royales, postés sur les hauteurs de Chassins et de Vincelles, firent inutilement sauter leur vieux pont en bois ; ils n'en subirent pas moins la visite et les exactions des gens de guerre. Cette date du 20 juillet n'est pas acceptée par tous les historiens : nous suivons la tradition locale encore très vivante, avant la Révolution, sur la *date* et sur le *lieu* du combat.

quement en équerre, est relativement large et droite; partout ailleurs, ruelles étroites, tortueuses, passages couverts, arcades jetées sur la lumière mais économisant l'espace, cours communes et culs-de-sac sans issue, maisons pressées, hors du rang et sans souci de l'alignement, basses, souvent enterrées, avec de grandes portes cintrées et de petites fenêtres, plus hospitalières pour les voyageurs et les amis que pour le soleil et le grand air; il faut se serrer, les fortifications sont comme un cercle de fer. L'église, la halle, le collège, l'auditoire, le fief de Lange, le fief de la Tour, l'hôtel des Trois-Maillets, la poste, la fontaine publique, voilà les monuments.

Mais dans ce milieu, les cœurs ne sont pas étouffés ni amoindris : comme l'église, qui élève au-dessus de cet entassement son imposante tour carrée à ogives et sa flèche légère, ils prennent leur essor vers les hauteurs où se réfugie l'âme humaine à demi-insouciante des choses d'en bas. Aussi, bien que sans fièvre et sans passion, la vie y est active et intelligente; le dimanche, la cloche appelle les habitants sous la halle en assemblée publique, le procureur syndic expose les affaires de la communauté, on délibère, on élit les échevins, les conseillers de ville, les notables; on plaide, on porte ses procès devant le juge déan, lieutenant de la justice civile et criminelle pour le seigneur, on défend ses droits et ses intérêts, au besoin on résiste au seigneur lui-même, on rédige les suppliques et les adresses, humbles remontrances à Mgr l'évêque de Soissons, à M. l'abbé de Saint-Jean des Vignes, à MM. du Parlement.

On aime les fêtes, chacun y prend part : feux de joie, bals publics, détonations d'armes à feu; c'est merveille de voir défiler, tambour battant et enseignes déployées, habit d'ordonnance et tenue martiale, les compagnons du jeu de l'Arc et les chevaliers de l'Arquebuse (1). Les faubourgs et les hameaux ont aussi leurs milices ; toutes se réunissent et font brillant cortège au passage des princes, aux cérémonies civiles, aux processions de la Fête-Dieu.

Les armes de la ville portent un coq chantant, avec cette devise : *Vigilantia* (2); c'est peut-être une malice, mais à coup sûr c'est un mensonge. Les Dormanistes font bien voir qu'ils ne sont pas des endormis, et tous avec le dicton des chevaliers de l'Arquebuse, ils crient bien haut comme un défi :

> Le coq est l'oiseau du soleil
> Et l'attribut de vigilance;
> Prétendez-vous lui trouver un pareil?
> Venez nous voir en habit d'ordonnance (3).

Presque pas de bourgeoisie ; population ouvrière, pauvre généralement, sans luxe, mais digne, fière, contente de son sort, point égoïste et ne connaissant pas cette ambition de bien-être et d'intérêt qui outre le travail et souvent produit les haines et les jalousies. C'est

---

(1) L'hôtel et le jardin de l'Arquebuse occupaient la maison avec le terrain appartenant aujourd'hui à M. Piot, corroyeur. L'hôtel et le jardin du jeu de l'Arc étaient derrière la maison qui fait face à celle de M. Piot, avec entrée sur les petits remparts.

(2) Miles de Dormans, neveu du cardinal, chancelier de France, de 1380 à 1383, les donna à sa ville natale : semé de France au coq d'or chantant et hardi ; l'écu ovale posé sur un cartouche timbré d'une couronne de marquis ; supports : deux léopards d'or. Devise : *Vigilantia,* en lettres d'or sur banderolle blanche tenue par un ange descendant.

(3) Mémoire en forme de lettre, au sujet du prix général du jeu de l'arquebuse, par le baron de Wan-Wert (Châlons-sur-Marne, Seneuze, 1764).

le règne de l'esprit, de la bonne humeur et des gais propos; pour le reste, c'est-à-dire pour le côté matériel de la vie, on compte un peu sur les autres; le seigneur est bienfaisant et généreux, et puis, ceux qui sont arrivés, qui ont un bénéfice ecclésiastique ou une profession libérale rétribuée, viennent au secours des parents moins à l'aise. Surtout on aime son pays natal, *sa patrie*; c'est un culte, une noblesse qui oblige et empêche de déroger. En pays ennemi, on eut été champenois, français peut-être, en France, on est *Dormaniste*. Chacun a une profession, un art, un métier, mais presque personne n'est étranger à la culture des lettres et des sciences; on raisonne pertinemment de tout, on est affable, poli, spirituel, avec cette délicatesse et cette urbanité de gens qui ont étudié et vu le monde; un grand nombre a quitté le toit paternel et vécu à Paris, beaucoup sont revenus dans leur patrie artisans, commerçants, fabricants, mais ils lisent et comprennent le grec et le latin; ils possèdent leurs classiques, ils discutent, ils critiquent les prédicateurs qui redoutent la chaire de Dormans.

Des officiers d'un régiment de passage dans la ville parlent en mauvais latin de sa femme devant un aubergiste; celui-ci sourit. « *Loquis ne latinum?* » dit l'un d'eux. « — *Loquio,* » répondit-il à dessein par un autre barbarisme.

« — Vous prêchez bien, mon Père, » dit un boulanger à un religieux au sortir de l'église, « mais il fallait donner » le sermon tel qu'il est dans l'auteur. »

Et un jour devant Voltaire, qui ne veut que deux chevaux à sa chaise, le maître de poste, qui l'a reconnu, dira au postillon s'obstinant à en atteler un troisième : « Allons, deux suffisent, fouette et va bon train : l'esprit » ne pèse pas ! »

C'est que Jean de Dormans, archidiacre de Brie, chanoine de la cathédrale de Soissons et chancelier de M. le duc de Normandie, dauphin du Viennois, a fondé à Dormans, son pays natal, un collège primaire (1), la charte est du 8 mai 1358. L'instruction y est gratuite pour les enfants de Dormans et pour ceux de la banlieue qui n'ont pas d'école plus rapprochée : on y enseigne les lettres, le latin, même la versification latine et le grec ; aussi les élèves sortent bons sixièmes et souvent bons quatrièmes. Le préfet des études ou principal a le titre de chapelain de Notre-Dame de l'Eroole, bénéfice de 3,000 livres de rente environ, constitué par le donateur; il doit résider à Dormans, être prêtre et Dormaniste. Outre le collège, il a juridiction sur les petites écoles, tenues par un maître, clerc paroissial, et par un sous-maître, où l'on apprend aux petits enfants l'alphabet, l'écriture et le chant.

Mais ce n'est là qu'une école préparatoire. Jean de Dormans, devenu évêque de Beauvais, chancelier, garde des sceaux de France et cardinal du titre des Quatre Saints Couronnés, a établi et richement doté à Paris le collège dit de Dormans-Beauvais (2), et, par trois chartes successives, 8 mai 1370, 31 janvier 1371 et 8 janvier 1372, il a institué un principal, un sous-maître, un pro-

(1) Le bâtiment majeur de ce collège existe encore tel qu'il a été reconstruit, en 1667, par le principal Jean de Launey ; une cour le séparait de la grande rue sur laquelle étaient les petites écoles; aujourd'hui un magasin de faïences le dérobe aux regards des passants.

(2) L'entrée du collège donnait sur la rue Jean-de-Beauvais ; la chapelle primitive, dédiée à saint Jean l'Evangéliste, subsiste assez bien conservée; sur les ruines du vieux collège, les Dominicains avaient construit un monastère (en 1866) qu'ils ont dû abandonner après les décrets de mars, et qui aujourd'hui fait place à des maisons particulières.

cureur, 24 bourses de six années pour des écoliers et un serviteur boursier. Vingt-et-une de ces bourses sont, formellement et par préférence à tous autres, affectées à des enfants natifs de la ville et paroisse de Dormans, sa patrie, *patriá nostrá de Dormano*, et à leur défaut, à des enfants des paroisses voisines ; si ces enfants viennent à manquer, on assignerait les bourses à d'autres enfants du diocèse de Soissons.

Dormans-Beauvais, voilà donc le mot qui nous révèle et nous fait comprendre le passé historique de Dormans. Comme le soleil, qui met tout en mouvement dans sa sphère d'attraction, échauffe, éclaire et féconde, ainsi Dormans-Beauvais attire, embrase de ses rayons, fait éclore les germes, donne la vie, la joie et l'orgueil à une petite ville. Dormans-Beauvais, voilà donc l'objectif pour les écoliers intelligents de Dormans et pour les pères jaloux de préparer à leurs enfants un avenir de bonheur ou une éducation distinguée.

Le principal du collège primaire avertit à temps de la vacance des bourses, il donne aux candidats le certificat d'études exigé par le règlement, après concours si leur nombre dépasse celui des bourses à occuper, et ceux-ci entrent à Dormans-Beauvais en sixième, en cinquième ou en quatrième (1). Et depuis 1370 jusqu'en 1764 (2), époque

---

(1) Un arrêt du Parlement du 6 août 1639 ordonne que : « *Aucun* » *ne sera reçu boursier à l'avenir qu'il ne soit capable de la qua-* » *trième classe, qui est le vrai moyen que chacun boursier aura* » *fait sa philosophie dans les six ans de sa bourse.* » (Archives de Dormans.)

(2) Le 31 mars 1762, les Jésuites fermaient leur collège Louis le Grand : le 7 septembre suivant, un arrêt du Parlement transportait le collège de Lisieux dans les bâtiments abandonnés de Louis le Grand. Mais Lisieux considérant ce nouveau sort comme une dis-

de la réunion forcée du collège à Louis-le-Grand, à part quelques modifications de gouvernement intérieur, l'œuvre du cardinal a été respectée, soutenue, achevée par sa famille ; le collège est devenu florissant et de plein exercice, renommé pour ses maîtres et ses élèves. Et depuis 1370 jusqu'à la Révolution française, et même jusqu'en 1805(1), la ville de Dormans, très fière et très jalouse de ses privilèges, a toujours fourni par elle-même ou par les pays voisins, un notable contingent d'écoliers ; souvent elle invoquera le Parlement et obtiendra gain de

grâce et un châtiment, put reprendre sa liberté, après avoir cédé au collège de Dormans-Beauvais qui se montra moins difficile, et le 7 avril 1764, des lettres patentes du roi décrétaient la translation du collège de Dormans-Beauvais en celui de Louis le Grand pour le 1er octobre suivant. Déjà des lettres patentes du 21 novembre 1763 avaient réuni dans le collège Louis le Grand 26 autres collèges de Paris, qui n'étaient pas de plein exercice, que l'on savait plus ou moins mal administrés et endettés, et dont les études et la discipline étaient généralement au niveau des finances. Mais, satisfaction dérisoire pour les derniers tenants de Dormans-Beauvais! au-dessus de la porte d'entrée de Louis le Grand, on plaça, comme un marbre funèbre, dit un contemporain, cette inscription gravée en lettres d'or : *Collegium Ludovici Magni Academicum, in quo Collegium Dormanum.*

(1) Sous le Directoire, le collège de Louis lé Grand devint le Prytanée français : les élèves de Dormans qui étaient d'âge à porter les armes durent partir sous les drapeaux ; Dupuis et Michaux furent requis comme savants et embarqués pour l'expédition d'Egypte.

On parut alors reconnaître pour un moment les droits séculaires de Dormans, et les plus jeunes conservèrent leurs bourses : sur douze offertes à la ville, six seulement purent être occupées à cause de la dépense considérable exigée pour le trousseau : Brion, Castellan, Gibout, Michel, Parisel et Trélon profitèrent les derniers de la munificence du Cardinal.

cause dans la revendication stricte de ses droits (1). En 1790, le diocèse de Soissons comptait dans son clergé plus de 40 Dormanistes, chanoines, doyens, curés, vicaires, religieux ; ce chiffre, sans parler des autres, militaires, médecins, hommes de loi, chirurgiens, simples particuliers revenus au pays, nous dit assez haut que Dormans a toujours su profiter d'une aussi libérale et aussi magnifique institution.

Aussi, il faut voir comme la mémoire du grand cardinal y est vivante et vénérée ; à peine nés, les enfants le connaissent, ils entendent son éloge, ils apprennent à l'aimer, c'est leur bienfaiteur, c'est leur compatriote. Être né et baptisé à Dormans est une gloire, un orgueil, un avenir ; et de bien loin, de jeunes mères ambitieuses pour l'enfant qu'elles portent dans leur sein se hâtent vers ce lieu fortuné. Oh ! que ce soit un fils ! qu'il naisse à Dormans ! qu'il soit baptisé sur les fonts de Saint-Hippolyte (2). Avec le zèle et le soin scrupuleux des juifs à étudier, lire et copier les pages de l'Ancien Testament, tout écolier de Dormans transcrit les chartes de fondation, les règlements du collège, les transactions surve-

(1) Le présentateur à toutes les bourses et emplois au collège de Dormans-Beauvais, était l'abbé de Saint-Jean des Vignes de Soissons ; le collateur était le Parlement de Paris. Les évêques de Soissons usaient parfois de leur influence au préjudice de Dormans, et les abbés de Saint-Jean des Vignes ne respectaient pas toujours les intentions du fondateur.

(2) La pensée du cardinal était prise à la lettre, *être né et baptisé à Dormans*, même pour les étrangers de passage. Une femme de Fismes sur le point de devenir mère s'était mise en route pour Dormans, quand elle fut subitement arrêtée par les douleurs à Damery où elle accoucha d'une fille, qui fut la fameuse Adrienne Lecouvreur (1690-1730) ; sa mère sans doute ne rêvait pas pour elle ce genre de célébrité !

nues, les arrêts du Parlement en sa faveur, les protesta-
tions contre les évêques de Soissons et les abbés de
Saint-Jean des Vignes. Dormans-Beauvais, mais c'est à
eux, ils y sont chez eux, c'est leur seconde patrie ! Et au
signal de la moindre atteinte au droit séculaire, toute la
ville est sur pied, émue, irritée, anxieuse, unanime à
voter les subsides nécessaires aux procès.

Tel Dormans nous apparaît dans l'ensemble de sa physionomie du xive siècle à la fin du xviiie siècle. Affranchi
et érigé en commune par une charte de 1231 (1), sans
l'établissement de ses deux collèges, il fut sans doute
resté obscur comme tant de villes du même genre et n'eut
eu d'autre histoire que celle de ses seigneurs ou du
contre-coup local des événements généraux, invasions,
fléaux, guerres civiles et religieuses.

Au milieu du xviie siècle, avec l'affermissement de
l'unité nationale, des institutions et du pouvoir royal,
Dormans a perdu insensiblement, comme château et
comme ville, son rang et son caractère de place forte ;
ses murailles tombent et ses fossés se comblent ; mais
voici le grand Roi, Dormans est tout prêt, il suit l'impul-
sion, lui aussi, en petit, il aura son siècle de Louis XIV,
Vittement en sera l'honneur ; longtemps il brillera à la
cour de France, et sa gloire rejaillira sur sa patrie.

En 1655, date de sa naissance, Jean-Nicolas Thierry
est curé de Dormans (2), Simon Hubert, principal du
collège ; Nicolas Truët, maire royal ; Nicolas Liénard, juge
déan de la justice et deannée (3), et Louis de Bourbon,

(1) Le comte de Champagne et de Brie était alors Thibaut IV, le
Chansonnier, qui devint roi de Navarre en 1234.

(2) Dormans était alors du doyenné de Châtillon ; en 1762, il
devint chef-lieu de doyenné.

(3) C'est le titre officiel : *déan* vient de *decanus, deanus*, qui a fait

prince de Condé, dit le grand Condé, en est le seigneur. Les Dormanistes se trouvent fort honorés d'avoir pour maître un si grand homme. « Le douzième jour de sep- » tembre 1644, écrit le vicaire de la paroisse, Godefroy- » Emmanuel, *nous chantâmes la messe de la Sainte-* » *Trinité, et le Te Deum avec toute solennité pour remer-* » *cier Dieu de l'heureux succès de nos affaires de* » *Dormans, aux mille acclamations : Vive Monsieur notre* » *Prince !* » Pourtant ils durent se convaincre bientôt qu'un tel voisinage était pour eux un danger plutôt qu'une protection. Pendant les troubles de la Fronde, un parti ennemi du prince de Condé s'empare de Dormans et le rançonne de 40,000 livres, payables sur les biens du prince qui est absent, mais à verser sur-le-champ par les principaux habitants. Le maire, Nicolas Truët, n'ayant pu trouver la somme complète, est inhumainement traité par les vainqueurs et traîné sur la claie à travers les rues. Le prince, à son retour, offre de remettre ce qu'on a payé pour lui, mais la ville, généreuse malgré sa pau- vreté et attachée à son seigneur, refuse l'argent du grand Condé. Procès-verbal de cet événement existait encore dans les archives communales avant 1789 (1).

En terminant cette introduction, véritable croquis d'ensemble, rapide ébauche, et dont chaque trait essen- tiel nous a paru comme un jet de lumière qui met Dormans dans son plein jour et illumine d'avance la

decan et *décn, déan* et *deannéc,* comme doyen et décanat. A Dor- mans, il avait primitivement juridiction judiciaire sur dix fiefs dépendants du marquisat.

(1) Tous les titres et papiers, rappelant à un degré quelconque la féodalité et les droits seigneuriaux, laïques ou ecclésiastiques, furent lacérés et brûlés sur la place de l'Hôtel-de-Ville de Dor- mans.

figure, les sentiments et les actions de notre héros, présentons au lecteur le plus exigeant nos lettres de créance : le fonds principal et substantiel de cette *Biographie*, comme aussi de nos travaux futurs sur l'histoire ancienne de Dormans, repose sur cette double base :

1° Les archives communales de la ville de Dormans;

2° Un manuscrit inédit, portant cette rubrique : *Notice sur la ville de Dormans*, etc., par P.-F. R..., Dormaniste, 1815.

Le dépôt des archives est considérable et précieux; on y trouve toutes les pièces officielles, collationnées sur les originaux, qui ont rapport aux deux collèges, un dossier sur l'ancienne église Sainte-Eulalie, les actes de la vie civile depuis 1621, les délibérations du conseil de ville depuis 1780, etc.

Le manuscrit a pour auteur Pierre-François Robert; il naquit à Dormans en 1756, 24 ans après la mort de Vittement. Ordonné prêtre en 1780, il était, à la Révolution, curé de Vasseny (Aisne) et mourut, en 1824, curé d'Arcy-Sainte-Restitue (Aisne).

Le premier objet de sa *Notice sur la ville de Dormans* était de réunir tous les titres concernant la fondation du collège de Dormans-Beauvais et les droits séculaires de sa ville natale (1), à la suite desquels on soumettait une supplique au roi Louis XVIII, et un projet de lettres patentes à en solliciter. Homme d'étude et intelligent,

(1) Voir à la mairie de Dormans un manuscrit de l'abbé Robert (P.-F. R..., 1814). C'est sans doute une première édition. Il nous apprend dans une lettre que ce *Mémoire* lui a été demandé par M. de Thellusson, maire de Dormans, sur une invitation émanée de la grande Aumônerie, au retour des Bourbons. Ce sont des *notes* rédigées les unes avec un certain ordre et un désir d'unité, la plu-

l'abbé Robert y ajouta bientôt ce qu'il put recueillir des traditions anciennes, avec ses propres souvenirs, et une sorte de biographie de l'abbé Vittement.

« On a toujours, nous dit-il, comme pour appuyer
» l'autorité de son récit, on a toujours des renseigne-
» ments aussi certains que multipliés, quand on écrit sur
» des événements et des personnages qu'on a vus, ou
» dont les témoins vivent à l'époque à laquelle on essaie
» de transmettre à la postérité des choses intéressantes.
» J'ai vécu familièrement avec des amis de M. Vittement,
» j'ai rarement négligé de tenir note de ce qu'ils m'en
» disaient; l'histoire venait aussi à mon secours, j'en
» avais recueilli des traits concernant cet homme unique
» dans son genre. Je vais donc essayer de faire connaître
» un des meilleurs hommes qui aient paru dans le
» monde. MM. Richon (1), Fossier, Payen, Clouët, Tarlan,
» Pougeois, Geoffroy, ecclésiastiques dormanistes que
» mes contemporains ont connus, ainsi que MM. Aubert,
» médecins, ont vécu dans la familiarité de M. Vittement.
» Mon grand-père et mon oncle paternel, dont les parents
» de M. Vittement étaient les ouvriers, aimaient à

part dispersées, mises en appendices, à mesure sans doute que les documents écrits et la tradition locale les fournissaient à l'auteur. La seconde copie compte 210 pages dont les deux tiers traitent des collèges de Dormans et de Paris ; le reste comprend les traditions verbales sur Dormans, avant la Révolution, et les anecdotes sur l'abbé Vittement.

(1) Il était titulaire du prieuré à nomination royale de Roucy ; il était bien plus jeune que l'abbé Vittement. Ce vieillard, dit l'abbé Robert en parlant de M. Richon mort plus qu'octogénaire, était heureux de me raconter mille détails sur la vie du sous-précepteur, et il ajoutait avec émotion que M. Vittement l'aimait singulièrement. Geoffroy était chanoine à Soissons. Fossier, prêtre en 1725, était prieur commandataire de Saint-Remy de Braisne. Tarlan, vicaire de Dormans en 1720, devint ensuite chapelain du prince de

» conserver précieusement et à raconter en famille les
» faits les plus importants de la vie de ce grand homme.
» Je tiens de mon père la majeure partie des anecdotes
» que je relate dans cet article; j'en ai omis beaucoup,
» mais celles qu'il contient suffisent pour rappeler à la
» génération la célébrité de M. Vittement. »

Ces sentiments d'admiration et d'enthousiasme élogieux nous montrent quelle place l'abbé Vittement a tenue dans le cœur et dans l'esprit de ses compatriotes; après avoir lu sa vie, on verra qu'ils n'ont rien d'exagéré un siècle et demi après sa mort. C'est bien à ces pages que convient la parole de Tacite : *Le principal objet de l'histoire est de préserver les vertus de l'oubli.* Tel a été notre seul but; notre ambition serait de l'avoir atteint.

Ligne. Payen, prêtre en 1739, fut curé de Courtémont-Varennes. Clouet, prêtre en 1739, est curé de Celles-les-Condé. Pougeois, prêtre en 1736, était conseiller clerc au bailliage de Châtillon ; en 1778, il vient enterrer son frère, curé de Leuvrigny. En 1730, les frères Aubert signent, l'un docteur en médecine, l'autre médecin. Tous ces Dormanistes avaient connu Vittement au collège de Dormans-Beauvais durant leurs études, et l'abbé Robert vécut avec eux tous comme étudiant et même plus tard comme prêtre.

JEHAN VITTEMENT

CHAPITRE Ier.

Enfance de Vittement (1655). — Il est pensionnaire au collège primaire de Dormans (1666). — Boursier au collège de Dormans-
Beauvais, à Paris (1668). — Pourvu d'une chaire de philosophie
au même collège, et chapelain. — Coadjuteur perpétuel et
irrévocable du principal et son futur successeur (1696). — Élu
recteur de l'Université (1697). — Nommé lecteur des Enfants de
France (1698).

« Ce même jour 22 avril 1655, a été baptisé Jehan, fils
» de Anthoine Vittement et de Gille Cugnet, sa femme. Le
» parrain Jehan Pinot, la marraine Marie Pougeois.

» CHOPPART, vic.

» Jehan PINOT. Marie POUGEOIS. »

Tel est, dans sa simplicité laconique, l'acte de baptême
inscrit au registre de la paroisse de Dormans pour l'année
1655. Anthoine Vittement et Gille Cugnet habitaient au
faubourg de Chavenay une maison qui existe encore (1),

---

(1) Cette maison n'offre rien de particulier et n'a guère subi de
modifications depuis cette époque que dans sa façade. Au jambage
droit de la porte, se trouve adossée une croix, dite de Saint-Hippolyte, dont nous parlerons plus tard. Le 24 mai 1791, le conseil
municipal de Dormans procéda à une nouvelle nomenclature des
places, rues et faubourgs; le faubourg de Chavenay fut appelé *rue
Vittement*, mais le nom ne prévalut pas.

maison sans étage, à deux pièces au rez-de-chaussée, s'ouvrant sur un long corridor; en face, une petite rue descend à l'Hôtel de Ville; derrière, un hangar séparé par une cour étroite et un jardin fermé par le mur du parc. Pauvres, ils apprêtaient la laine pour la fabrique de draps et de serges tenue par les frères Robert. Jean avait une sœur aînée (1); tous deux travaillaient avec leurs parents,

(1) Voici la famille des Vittement, telle que nous avons pu la reconstituer. Ils étaient trois frères : *Antoine, Marin* qui avaient épousé les deux sœurs, et *Pierre* qui habitait Ay, croyons-nous. Une fille de ce dernier se maria à Dormans. Dans son testament, l'abbé Vittement dit qu'il a une cousine germaine, *Marie Vittement,* du côté de son père et du côté de sa mère, et qu'elle a trois filles. Il dit qu'il a du côté de son père seulement deux cousins et deux

et chaque jour ils assistaient à la messe du principal, laquelle se disait en été à six heures, et en hiver à sept heures du matin. Jean, à peine sorti des petites écoles, s'y trouvait avec les enfants de son âge, qui, plus heureux que lui, poursuivaient leurs études au collège; il les regardait d'un œil d'envie, et malgré sa piété, c'était pour lui une source de distractions; aussi s'en retournait-il chez son père le cœur bien gros. Les écoliers, témoins de ses

cousines, frères et sœurs. Il ne parle pas des enfants ou de l'enfant de sa sœur. L'abbé Robert dit qu'il n'eut qu'une sœur, de laquelle sont issus les Fossier. Le testament n'en parle pas. Sa sœur sans doute était morte, et son fils (chirurgien) assez riche pour n'avoir pas besoin de l'héritage de son oncle, puisqu'il déclare ne donner qu'aux pauvres de sa famille.

GÉNÉALOGIE DE LA FAMILLE VITTEMENT.

ANTHOINE VITTEMENT, † 1691, marié à GILLE CUGNET.

CHARLES, né en 1643, mort en bas âge.	MARIE, née le 5 novembre 1648, mariée à Fossier.	JEHAN, 1655 † 1731.

Sous Marie : FOSSIER, chirurgien à Dormans.

FOSSIER, prêtre, prieur commandataire à Braisne (Aisne).	FOSSIER suivit Dehally à Constantinople et aux Indes; il mourut employé à la *Gazette de France* à Paris, laissant une fille.	FOSSIER, mort célibataire à Braisne.

MARIN VITTEMENT, potier de terre, † 1675, marié à MARIE CUGNET.

NICOLLE, née en 1648 † 1728, non mariée.	PIERRE, né en 1650; son parrain est Pierre Vittement, oncle; mort en bas âge.	ANTHOINE, né en 1650, frère jumeau, sourd et muet de naissance, mort garçon, en 1702.	MARIE, mariée à [...] veuve.

Clouet, morte en 1728.

CLAIRE, morte en 1730	MARIE, morte en 1731

JEANNE, † 1725, laissa une fille mariée à un rubanier, au faubourg Saint-Laurent, à Paris. On ignore le nom du mari de Jeanne.

PIERRE VITTEMENT.

PIERRE, né à Ay en 1656, † 1735, marié à Marie Compagnon, née en 1645, morte au presbytère de Dormans, chez son fils alors curé.	N. VITTEMENT, garçon, habitant en Lorraine.	MARIE VITTEMENT, née en 1663 † 1735, mariée à Dormans, à Claude Mingot.	N. VITTEMENT, fille habitant Reims.

PIERRE-FRANÇOIS, vicaire de Damery (1714), puis de Dormans, curé de ce lieu en 1718, et enfin curé d'Attichy.	FRANÇOIS, né en 1692, mort vicaire de Troissy en 1720, inhumé à Dormans. Cette filiation n'est pas incontestable.

Sous Marie Vittement : NICOLLE, née en 1705, dont la marraine est Nicolle Vittement.

regrets et confidents de ses désirs, en parlèrent au principal, Jean de Launey (1). Sa curiosité et son attention furent ainsi éveillées, et cédant aux instances de ses élèves, non moins qu'à son initiative libérale pour tout ce qui touchait aux lettres et aux sciences, il mande chez lui le père et l'enfant. Il interroge le petit Jean, ses réponses lui plaisent, son air le frappe ; à la proposition de l'envoyer au collège, Antoine refuse, alléguant sa pauvreté et le secours qu'il tire déjà de son fils dans son métier : celui-ci travaille assez pour ne lui être plus à charge, tandis que, étudiant, il ne pourrait subvenir à son entretien ni aux dépenses inséparables d'une éducation à Paris. Mais le principal d'un coup-d'œil a bien auguré de l'avenir, et, entrevoyant la gloire qu'il aurait un jour d'avoir donné les premières leçons à un enfant qui annonçait de grands talents, il s'attache à son généreux projet, et triomphe aisément des dernières hésitations du père en déclarant qu'il prend soin de tout. Antoine, vaincu et flatté sans doute au fond de son cœur de père, cède, à la grande joie de Jean, qui bientôt est admis au petit pensionnat, logé, nourri et instruit (1666).

Jean, en effet, tout plein d'ardeur, avait l'esprit vif, une mémoire étonnante, une facilité au travail et une apti-

(1) Jean de Launey, religieux dominicain, né à Igny-le-Jard, élève du collège de Dormans-Beauvais, fut principal du petit collège, de 1663 à 1703 ; il y tenait les classes et un petit pensionnat ; son principalat fut un des plus glorieux, il fit reconstruire son collège, en 1667. Homme aussi savant que mordant, dit l'abbé Robert, par son origine il appartenait aux familles les plus riches de Dormans ; il avait préparé un pamphlet très spirituel mais très satirique contre la plupart des meilleures maisons de Dormans et des mieux famées. Son manuscrit, qui ne vit pas le jour, était conservé aux archives de la ville avant la Révolution. Il paraît qu'il avait formé le projet de faire une sorte d'histoire de Dor-

tude peu communes; sa physionomie ouverte et gracieuse,
sa modestie, sa piété, sa douceur envers ses camarades
lui gagnèrent bientôt toutes les sympathies. Après deux
années d'études préparatoires (1), marquées par des progrès rapides et soutenus, le principal le présenta pour une
bourse vacante au collège de Dormans-Beauvais, à Paris:
il y entra en troisième, c'était en 1668, il avait treize ans.
L'âme du vieux cardinal dut tressaillir de joie, en voyant
les portes de son collège s'ouvrir à ce fils de ses anciens
vassaux, destiné à en devenir la gloire la plus pure, sinon
la plus éclatante. Ici nous laissons parler Moréri, ou plutôt
Coffin qui lui a fourni cet article de son dictionnaire, peu
d'années après la mort de Vittement.

« Ce fut dans cette maison que, sous les habiles maîtres
» qui y professaient, il fit connaître le goût extraordinaire
» qu'il avait pour les belles-lettres qu'il a toujours culti-
» vées depuis avec la plus grande application. Les hautes
» sciences n'eurent pas moins de charmes pour lui. Dans
» le même temps qu'il recevait ses leçons de philosophie,
» il en faisait lui-même à ses condisciples, et ce qui
» paraîtra surprenant, il soutint, plutôt en maître que
» comme simple écolier, un acte public sur toutes les par-
» ties de cette science, en présence d'une nombreuse
» assemblée de personnes de distinction, à la place d'un

mans; mais ces premiers matériaux ne l'eussent pas fait goûter.
Pardonnons-lui son esprit en faveur de son bon cœur et de sa
pénétration à deviner Vittement, et regrettons la perte de son manuscrit et la non-exécution de son projet.

(1) Nous l'avons dit, l'enfant avait suivi *les petites écoles* et venait
à peine de les quitter, c'est ce qui explique précisément ses
regrets et ses désirs. Avec ses dispositions à l'étude, il s'était bien
vite assimilé ce qu'on y enseignait, la lecture du français et du
latin, l'écriture, le calcul, le chant et l'instruction religieuse.

» jeune abbé de qualité, qu'une fièvre saisit soudain à
» l'heure même qu'il devait faire cet exercice.

» Ayant achevé ses classes (1) avant l'expiration des six
» années, pendant lesquelles, aux termes des statuts, il
» pouvait jouir des fruits de sa bourse, il commença son
» cours de théologie sans abandonner sa petite chambre
» du collège (2); il avait dix-neuf ans. Sa bourse ne pou-
» vait cependant le conduire jusqu'à la fin de ses études,
» et le 13 juillet 1674, encouragé sans doute par ses
» maîtres, il se détermina à en demander la prolongation,
» par cette requête où brillent la franchise et la simplicité
» de son caractère :

« A Nos Seigneurs les premier président et conseillers
» administrateurs et intendants du collège de Beauvais.

» Supplie humblement Jean Vittement, l'un des petits
» boursiers dudict collège, natif de la ville de Dormans,
» estudiant en théologie pour sa seconde année, disant
» qu'ayant soustenu des thèses à la fin de sa philosophie,
» et s'estant en même temps faict passer maistre ès arts, il
» aurait faict une despense considérable au-delà de ses
» forces, secouru en cela par les charités de ses amis, et
» qu'estant présentement à la fin de la jouissance de sa
» bourse, il lui reste encore une année pour achever son
» cours de théologie, et que n'ayant aucune faculté pour
» y pouvoir subvenir, il est contraint de recourir à vous,
» Nos Seigneurs, pour lui estre pourveu en un besoing si
» important pour son avancement et la perfection de ses
» estudes.

» Ce considéré, Nos Seigneurs, il vous plaira de vos

(1) Le Collège de Dormans-Beauvais, par le R. P. Chapotin, des
Frères Prêcheurs, Paris, Albanel, 1870.

(2) Plus tard, nous dirons la vie intérieure et les règlements de
Dormans-Beauvais.

» grâces et charités, ordonner audict suppliant prorogation
» d'une année de sa dicte bourse, pour pouvoir achever
» son cours de théologie, et ledict Vittement sera obligé,
» pendant toute sa vie, de prier Dieu pour vos prospérités
» et santés.

» J. Vittement. » (1)

Il paraît que le pauvre écolier avait profité d'une visite faite au collège par les seigneurs intendants pour leur présenter sa requête, car on lit au bas ces paroles :

« Accordé pour un an, finissant au dernier juillet de
» l'année mil six cent soixante et quinze ; faict le 13 juillet
» 1674, audit collège.

» De la Moignon. »

Cependant Vittement venait d'achever son cours de théologie et se préparait à soutenir sa tentative (2) ; il dédia sa thèse à son père et le pressa vivement d'assister

______

(1) Archives de l'Emp., M⁰ 92 cité par le P. Chapotin, pages 322 et 323.

Cette demande de prorogation de bourse n'est pas un fait isolé. En 1645, Nicolas Lemercier, petit boursier, demande « une prolon-
» gation de dix mois pour achever sa philosophie, ainsi qu'il a été
» pratiqué en pareil cas, en l'année 1625, en la personne de Flip-
» ponat, en l'an 1641 en la personne de Nicolas des Fruicts ; et
» aussi autre continuation de trois ans pour faire ensuite ses études
» de théologie, ainsi qu'avez naguère octroyé à Antoine Opet, bour-
» sier audit collège. » Le Parlement accéda à la supplique de
Lemercier en 1645, mais en même temps il renouvela son arrêt du
6 août 1639, dont nous avons parlé, qui défendait d'admettre
« aucun boursier qui ne fut capable de la quatrième classe, vrai
» moyen que chacun boursier aura fait sa philosophie. » (Archives
de Dormans).

(2) Alors on faisait trois années de théologie, on subissait deux examens pour le baccalauréat, et on soutenait publiquement sa tentative ; puis il fallait deux ans d'intervalle entre la tentative et la licence.

à la solennité. Celui-ci, pauvre et âgé, ne pouvant se résoudre à entreprendre le voyage de Paris, ne se décida, sur les instances de ses compatriotes, que la veille de l'ouverture de la séance; déjà Vittement désespérait de voir son père. Mais le moment est arrivé, la salle est remplie des personnages les plus illustres et les plus savants; à l'attrait ordinaire de ces solennités toujours goûtées d'un public instruit, se joint la renommée naissante du candidat. Le jeune théologien est à la tribune, l'écolier est aux prises avec ses maîtres; on admire leur éloquence, on applaudit à la force de ses arguments, quand tout à coup Vittement s'aperçoit que les gardes postés à l'entrée de la salle repoussent un homme du peuple très résolu malgré eux à pénétrer dans l'enceinte : « Laissez entrer, s'écrie- » t-il suspendant sa phrase, c'est mon père ! » et il achève sa réponse. Mais l'assemblée tout entière, saisie d'admiration et d'enthousiasme pour cet acte de noble simplicité et de piété filiale, se lève simultanément; on va au-devant du vieillard, on lui fait honneur, on le place aux premiers rangs, et il partage la gloire du triomphe de son fils.

« Le succès éclatant de la thèse par laquelle Vittement
» couronna ses études théologiques, vint prouver aux
» administrateurs du collège qu'il avait dignement usé de
» leur générosité. Libre enfin, il accepta avec joie la
» chaire de philosophie, laissée vacante par la retraite de
» celui qui avait été son professeur; un lien plus étroit
» l'attacha en même temps à ce collège de Beauvais qu'il
» regardait comme une autre maison paternelle, il y obtint
» une place de chapelain (1). Son enseignement eut

(1) Il y avait quatre chapelains, *bursarii perpetui*, institués en 1382 et 1383, par Miles de Dormans, neveu du cardinal, qui acheva la chapelle du collège, pour continuer l'œuvre de son oncle. Les trois

» bientôt un retentissement tel *qu'à la fin de son sixième*
» *cours*, dit Coffin, le marquis de Louvois, ministre d'Etat
» demanda que le jeune professeur lui fut présenté. Vitte-
» ment ne parut point au ministre inférieur à sa réputa-
» tion; celui à qui la France obéissait, voulut que
» Vittement donnât à l'abbé de Louvois, son fils, des
» leçons de philosophie (1).

» Quoique particulièrement occupé de ses études ordi-
» naires et du but essentiel qui l'avait fait appeler dans la
» maison de ce ministre favori, il consacra quelques
» heures de chaque jour, qu'il appelait ses récréations, à
» faire une étude profonde de tous les poètes latins qu'il
» apprit de mémoire, et dont il faisait un agréable usage
» dans les conversations. Senèque et Tacite, qu'il savait
» aussi mot à mot, fournissaient souvent d'utiles matières
» à ses entretiens. Il avait le talent de faire sentir toute
» l'énergie des passages qu'il citait, et ces différents
» auteurs, quoique très estimables d'eux-mêmes, avaient
» dans sa bouche des grâces toutes naturelles. Il parlait
» également bien sur tout sujet qui se présentait dans
» quelque conversation que ce pût être, et éloquent natu-

supérieurs du collège devaient être prêtres; un religieux de Saint-Jean des Vignes, qui était boursier du collège, devait être prêtre aussi; huit prêtres étaient donc attachés au service de la chapelle. Le traitement fixe des chapelains était de 250 livres. Un procès-verbal du 11 juillet 1719 mentionne parmi les chapelains *Mre Vittement qui est absent.* Il était à la cour, et il avait conservé le titre de chapelain sans en remplir les fonctions et assurément sans en toucher les émoluments.

(1) R. P. Chapotin. *Collège de Dormans-Beauvais,* page 323.
Le marquis de Louvois fut ministre de la guerre et de la marine sous Louis XIV, de 1666 à 1691. Il eut certainement la plus grande part aux succès militaires du roi. Homme violent et sans mesure, il mourut de fatigue.

» rellement, il plaisait, instruisait, persuadait toujours. A
» ces aimables qualités, il joignait une douceur et une
» pureté de mœurs qui le faisaient estimer et rechercher
» de toutes les personnes qui le connaissaient. Entre tous
» ceux qui savaient apprécier son mérite, l'illustre
» Bossuet, avec lequel il avait fait une étroite liaison, a
» rendu en plus d'une occasion témoignage à la vertu et à
» la capacité de M. Vittement (1). »

Cette mission délicate, Vittement sut la remplir honora-
blement, à la grande satisfaction du ministre et de l'abbé
de Louvois, qui, pour récompenser son maître, lui donna
en bénéfice le prieuré de Saint-Etienne de la Breille, au
diocèse d'Angers (2). Vittement sans doute n'osa le refuser,
mais il s'en démit bientôt quand il fut rentré en possession
de sa chaire de philosophie.

« Le collège de Dormans-Beauvais, flatté d'une pareille
» distinction accordée à celui qui lui appartenait à tant de
» titres, aima dès lors à faire reposer sur la tête de Vitte-
» ment ses plus chères espérances. Le principal, Boutillier
» surtout, qui commençait à sentir le poids des années,
» résolut d'assurer à son collège les lumières et l'appui
» d'un homme pour qui la vie s'ouvrait sous de si heu-
» reux auspices, et, le 10 mars 1696, il obtint du Parle-

(1) Moréri, d'après Coffin. Article Vittement.

(2) Archiprêtré de Bourgueil, prieuré de la Breille, abbé de
Bourgueil, plein droit. Cure de Saint-Etienne de la Breille, présentateur abbé de Bourgueil, collateur Mgr l'évêque (Pouillé d'Anjou).
— Il avait fait vœu, dit Coffin, de ne recevoir jamais aucun bénéfice
de l'Eglise, et en effet il porta sa délicatesse si loin sur cet article,
qu'il se démit d'un petit bénéfice qu'il avait reçu de M. l'abbé de
Louvois, et, par son testament, il rend aux pauvres de l'endroit où
est situé ce bénéfice, tout ce qu'il en put recevoir pendant qu'il le
possédait.

» mènt un arrêt qui nommait Jean Vittement son coadju-
» teur perpétuel et irrévocable et son futur successeur.

» C'est à ce titre que Vittement eut à recevoir le 4 avril
» suivant la visite du recteur, Charles Rollin, et des digni-
» taires de l'Université, désignés par elle pour juger de
» l'état et au besoin opérer la réforme des collèges de
» Paris.

» Tout d'abord, dit le procès-verbal de cette visite,
» M° Jean Vittement, professeur de philosophie en ce
» collège et successeur désigné du principal Nicolas Bou-
» tillier, qui gouverne cette maison depuis longues années
» avec un zèle irréprochable et qui a si bien mérité de
» l'Université, prêta serment entre les mains de l'amplis-
» sime recteur. Celui-ci félicita le collège du choix qui
» avait été fait, et exhorta maîtres et boursiers à observer
» avec scrupule les sages règlements que le Parlement
» leur avait donnés (1). »

Bientôt l'Université tout entière se plut à reconnaître et
à couronner le mérite de Vittement; le vote des intrants
l'appela à succéder au recteur Arthus. Il fut élu le
10 octobre 1697, et l'acte de son installation lui donne la
double qualité de régent émérite de philosophie et de
sous-principal au collège de Beauvais (2); Vittement avait
alors quarante-deux ans. Tout d'abord, son premier mouvement fut de refuser cette éminente dignité; il mettait en
avant son inaptitude, son éloignement pour les places et
pour la représentation qu'elles exigent, son peu de goût et
d'usage du grand monde; et malgré les instances des délé-

(1) Archives nationales : Ms. 92. P. Chapotin, Histoire du collège
de Dormans-Beauvais.

(2) *Histoire de l'Université de Paris* par M. Charles Jourdain :
Pièces justificatives; liste chronologique des recteurs de l'Université.

gués, il persistait dans son refus quand un ordre de la cour lui enjoignit d'accepter. Vittement se soumit, en réclamant toutefois l'assistance de ceux qui lui imposaient une charge dont il ne croyait pas pouvoir s'acquitter à leur gré.

C'est peut-être ici le moment de tracer en quelques lignes le portrait de l'abbé Vittement tel que l'ont dépeint ses compatriotes (1). Il avait la taille très élevée, l'ensemble de sa personne bien proportionné, la physionomie noble et correcte; il était beau, surtout de cette beauté qui est le reflet d'une âme pure, doué d'un organe aussi agréable que sonore, l'air toujours riant et gai, plein d'affabilité et d'urbanité. A ces qualités extérieures, il unissait la piété la plus tendre, une humilité simple et sincère, une franchise ennemie de toute dissimulation, un grand respect de soi-même et des autres, une renommée déjà établie par ses succès d'élève et de professeur et consacrée par les suffrages du corps universitaire.

« L'élévation de Vittement à la dignité de recteur fut
» une véritable fête pour le collège qui l'avait nourri.
» Personne ne s'en réjouit plus sincèrement que le vieux
» principal. Il lui avait déjà confié la plus grande partie de
» son autorité ; il voulut la lui donner tout entière, heu-
» reux de remettre son collège entre les mains d'un
» homme dont le mérite et la capacité étaient universelle-
» ment appréciés. Les archives gardent en effet un acte
» rédigé le 16 novembre 1697, par lequel Nicolas Boutil-

(1) Existe-t-il un portrait de Vittement? Nous ne le croyons pas. Son testament n'en dit rien, alors qu'il parle de quelques tableaux donnés aux exécuteurs testamentaires. Ensuite le cabinet des Estampes n'en possède aucun, ni aucune gravure. Enfin l'abbé Robert en aurait parlé. Vittement aura donc résisté à la mode si puissante alors du portrait, son humilité et sa modestie s'y opposèrent.

» lier, maître et principal du collège de Beauvais, à cause
» de son grand âge de soixante-et-douze ans et ses infir-
» mités continuelles, qui ne lui permettent plus de
» s'acquitter des fonctions de sa charge de maistre et prin-
» cipal dudit collège, avec autant de soin et de vigilance
» qu'il désirerait et qu'il serait nécessaire pour y mainte-
» nir le bon ordre et la discipline, se démet en faveur de
» Jean Vittement, prêtre du diocèse de Soissons, bachelier
» en théologie, chapelain et ancien professeur de philoso-
» phie et coadjuteur perpétuel et irrévocable avec future
» succession dudit sieur Boutillier, suivant l'arrêt de
» ladite cour du 10 mars 1696 ; et consent que ledit sieur
» Vittement entre dès à présent en possession et libre
» exercice des fonctions de maître et principal....., à la
» charge que le sieur Boutillier jouira pendant sa vie de
» tous les honneurs, fruits, profits, revenus et émoluments
» dépendant de ladite maîtrise et principalité. (1) »

Sous le rectorat de l'abbé Vittement, dit M. Charles Jourdain (2), le bail général des messageries de l'Université, qui était de 37,683 livres 10 sols, fut augmenté de 10,000 livres ; c'était un accroissement considérable des revenus de la corporation. Voilà tout ce que nous savons des actes de Vittement comme recteur ; du reste, nous avons hâte d'arriver au fait qui devint pour l'humble professeur le point de départ d'une fortune inespérée.

La paix de Ryswick (3) venait d'être signée : l'Université

(1) P. Chapotin, pages 325-326.

(2) *Histoire de l'Université*, page 279.

(3) Village du royaume de Hollande, à trois kilomètres sud-est de La Haye. Après un congrès qui dura plus de six mois, le traité fut signé le 20 septembre 1697, sous la médiation du roi de Suède, entre Louis XIV d'une part, les Provinces-Unies, l'Angleterre, l'Espagne et l'Empire de l'autre. Louis rendait à l'Espagne ce qu'il

comme tous les corps de l'Etat vint complimenter le roi.
Ce fut le 26 novembre 1697, dit M. Charles Jourdain, que
Vittement adressa au prince victorieux le discours sui-
vant :

« Sire, la paix que Dieu vient d'accorder aux vœux de
» vos peuples, en inspirant à Votre Majesté des sentiments
» de modération au milieu de ses victoires, sera l'un des
» événements de votre règne glorieux, qui en fera le
» mieux connaître la grandeur. Jamais on n'a soutenu la
» guerre avec autant de gloire, jamais on ne l'a terminée
» avec autant de générosité. Que les autres princes, insen-
» sibles aux larmes de leurs sujets, ne fassent la paix que
» quand ils manquent de ressources pour soutenir la
» guerre, ils ne suivent en cela que les règles de la poli-
» tique humaine. Votre Majesté, renonçant à des conquêtes
» assurées pour le repos de ses Etats, fait bien voir qu'elle
» se conduit par des maximes différentes. Plus elle a vu
» de courage, de force dans ses ennemis, de zèle et
» d'amour dans ses sujets, plus la tendresse paternelle l'a
» pressée de donner la paix à un si bon peuple.

» L'Europe, après avoir publié que jamais roi ne fut
» mieux servi, se voit obligée d'avouer, à la gloire immor-

lui avait pris vers les Pyrénées, et en Flandre, Luxembourg,
Mons, Ath, Courtrai; il reconnaissait Guillaume III pour roi légitime d'Angleterre, au détriment de Jacques II qu'il avait soutenu
jusque-là ; il rendait à l'Empire, Fribourg, Brisack, Philipsbourg,
Kell et tous les pays que les *Chambres de réunion*, en 1679, lui
avaient adjugés, moins Strasbourg. Il restituait enfin au duc
Léopold de Lorraine ses Etats. Cette fois Louis XIV ne dicta pas la
paix comme il avait fait à Nimègue, il abandonna même toutes ses
conquêtes, forcé qu'il y était par l'épuisement de ses finances et
la misère de son peuple. Mais sa puissance restait intacte : il avait
vaincu la coalition la plus formidable que l'Europe eût encore
vue,

» telle de Votre Majesté, que jamais peuple ne fut tant
» aimé. La guerre, il est vrai, n'avait point empêché les
» lettres et les sciences de fleurir dans votre royaume.
» Pendant que d'un côté vous le défendiez avec tant de
» succès contre les puissances confédérées, vous étiez
» occupé de l'autre à le reformer par la sagesse de vos
» lois, et à l'embellir par la politesse des mœurs, dont
» Votre Majesté donnait elle-même un exemple plus fort
» que les lois. Mais si, pendant le tumulte des armes, vous
» avez su faire régner la justice et vous opposer avec
» toute la vigueur du fils aîné de l'Eglise aux nouveautés
» toujours dangereuses, quel bonheur pour l'Etat, quelle
» protection pour cette même Eglise ne devons-nous pas
» attendre de la paix ! Dans ces espérances, Sire, vos
» sujets qui passent de la joie de vos victoires en celle de
» la paix, augmenteraient leur zèle et leur reconnaissance
» si l'on pouvait ajouter quelque chose à l'amour sincère,
» respectueux et fidèle qu'ils ont témoigné pendant la
» guerre pour Votre Majesté. Pour nous qui, dans l'exer-
» cice de nos paisibles emplois, prenons un intérêt parti-
» culier à la paix, la mère des beaux-arts, nous espérons
» bientôt voir votre Université, l'ouvrage glorieux des rois
» vos prédécesseurs, rétablie dans son ancienne splendeur
» par la magnificence royale de Votre Majesté. Heureux si,
» consacrant nos soins à l'instruction de vos jeunes
» sujets, nous pouvons leur apprendre à craindre Dieu, à
» respecter leur prince, à servir leur patrie, persuadés que
» de l'accomplissement de ce devoir dépendent la sûreté
» des Etats, la puissance des monarques et la tranquillité
» des peuples. Les vôtres, Sire, n'ont plus rien à sou-
» haiter, sinon que Votre Majesté, au milieu d'une auguste
» et nombreuse famille, puisse voir longtemps les enfants
» de ses enfants, et leur apprenant par son exemple le
» difficile art de régner, jouir elle-même et faire jouir les

» autres de la paix qu'elle vient de rétablir dans l'Eu-
» rope (1). »

Ce discours, dit M. Jourdain, même à cent cinquante
ans de distance, ne paraît pas dépourvu d'un certain
mérite d'élégante sobriété; et le P. Chapotin développant
cette idée :

« Certes, dit-il, il y a loin de ce discours à la requête
» qu'adressait autrefois au Parlement l'écolier du collège
» de Beauvais pour obtenir un morceau de pain pendant
» une année, il y a même loin de ce discours à la plupart
» des harangues ampoulées, froides, interminables, que
» l'on avait alors la coutume de faire subir aux rois. Cette
» pièce se place, par l'élévation des pensées, la sobriété
» des détails, la grâce sévère et la perfection du style, au
» niveau des plus belles œuvres du grand siècle. Personne
» ne s'y méprit, et les applaudissements de la foule et les
» suffrages du roi lui-même apprirent à la France qu'elle
» pouvait compter un grand écrivain de plus (2). »

« Son discours, dit Moréri, la manière de le prononcer,
» sa personne plurent si fort au monarque qu'il dit aux
» courtisans qui l'environnaient, que depuis qu'il était roi,
» jamais harangue ni orateur ne lui avait fait autant de
» plaisir (3). »

« Malgré l'orgueil de la pourpre, dit Saint-Simon (4), la
» vanité du bien dire perça. Le cardinal de Polignac ne
» dédaigna pas de paraître devant le roi à la tête de l'Aca-
» démie française, à la suite de tous les corps qui le

(1) Nous publions ce discours, dit M. Charles Jourdain, Histoire
de l'Université, page 278, d'après une copie que nous avons
retrouvée aux archives impériales, M.-M. 242. Nous le croyons
inédit.

(2) P. Chapotin, Dormans-Beauvais, page 328.

(3) Moréri, article Villement, au supplément.

(4) Mémoires, tome vi, page 421, édition Hachette, in-12.

» haranguèrent sur la paix. Ses grâces, ses charmes et son
» beau dire si odoriférant et si flatteur, cédèrent toutefois
» à la justesse et à l'éloquence mâle et naturelle du rec-
» teur de l'Université, qui enleva tous les suffrages avec
» tant de violence, qu'il fut interrompu par les applaudis-
» sements et que le roi lui fit une réponse pleine de
» l'admiration de son discours. Vittement, c'était son
» nom, ne s'en éleva pas davantage, n'en demeura pas
» moins renfermé dans la poussière des collèges et ne
» cultiva personne; mais ce qui ne s'est peut-être jamais
» vu, et dans une cour comme elle était alors, sa harangue
» ne sortit point de la mémoire du Roi. Elle y surnagea,
» chose encore plus extraordinaire, à tout ce qui le pou-
» vait rendre suspect sur la doctrine (1) et des mœurs trop
» pures et trop austères pour le goût d'alors; cette
» harangue seule, et qu'on crut oubliée avec tant et tant
» d'autres, prévalut à tout et le fit, deux ans après (2),
» sous-précepteur du roi d'aujourd'hui, par le souvenir
» toujours présent qu'en avait conservé Louis XIV. On
» verra en son temps que ce fut le seul bon choix qu'il fit

(1) Il ne faudrait pas voir dans cette phrase une insinuation de
jansénisme ou de nouveauté religieuse quelconque; Vittement a
félicité le roi *de s'être opposé avec toute la vigueur du fils aîné de
l'Eglise, aux nouveautés toujours dangereuses*; il les condamne
donc et son caractère nous garantit sa sincérité. Mais Vittement
appartenait à l'Université dont plusieurs membres influents étaient
jansénistes. Le quiétisme alors agitait les esprits; par jalousie
contre Vittement, par ambition de le supplanter dans l'estime du
roi, il était donc facile de le calomnier, de le perdre d'avance par
un doute habilement jeté sur son orthodoxie. Telle est, croyons-
nous, la pensée de Saint-Simon. Nous y reviendrons plus tard.

(2) C'est une erreur. Vittement ne devint pas, *deux ans après*
sous-précepteur de Louis XV, parce que ce roi ne naquit que *treize
ans plus tard*. Saint-Simon confond ici les deux ducs d'Anjou, celui
qui fut Philippe V et celui qui fut Louis XV. D'ailleurs, il se cor-
rige lui-même en un autre endroit de ses mémoires cité plus loin.

» pour l'éducation de ce jeune prince, qui eut aussi le sort
» ordinaire de ce qu'il y a de meilleur dans les cours. »

Suivant la coutume, Vittement dut encore complimenter le roi, à la tête de l'Université, qui, le deux février, présentait un cierge au monarque; cette fois encore le recteur fut remarqué (1).

Vittement, que ces honneurs n'éblouissaient point, était toujours heureux de rentrer dans son cher collège de Dormans-Beauvais; c'était cependant ce succès qui devait l'en arracher tout à fait. Le mercredi 4 juin 1698, lors de la disgrâce qui atteignit les amis de Fénelon, il fut nommé lecteur des Enfants de France, les ducs de Bourgogne, d'Anjou et de Berry (2).

« Le roi, dit Dangeau (3), a donné les places de lecteur
» et de sous-précepteur à l'abbé Le Fèvre et à M. Vittement,

(1) L'abbé Robert donne sur son héros à peu près tous ces mêmes détails empruntés à différents auteurs; toutefois, il n'a pas l'air de croire que Vittement soutint sa thèse aussitôt son cours de théologie achevé. Il dit qu'il ne fut professeur en titre de philosophie qu'en 1683, et que ce fut avant et pendant qu'il était professeur en titre qu'il fit faire la philosophie à l'abbé de Louvois. Il nous a été impossible d'avoir des dates précises.

(2) Saint-Simon dit *sous-précepteur*; l'abbé Robert, *lecteur sous-précepteur*, et M. Jourdain, *lecteur* du duc de Bourgogne. Mais Saint-Simon nous apprend que, le 2 juin 1698, on sut que l'abbé de Beaumont, sous-précepteur, l'abbé de Langeron, lecteur, etc., étaient chassés, et que le duc de Beauvilliers avait ordre de présenter au roi les sujets qu'il croirait propres à remplir ces places auprès des princes....., et que *deux jours* après on vit les quatre places, vacantes chez les princes, remplies par quatre hommes proposés par le duc de Beauvilliers, les abbés Lefèvre et Vittement. D'après le rang donné ici par Saint-Simon à Vittement, celui-ci n'était que lecteur.

(3) Mercredi 4 juin 1698, à Versailles. Journal du marquis de Dangeau, avec les additions inédites du duc de Saint-Simon, publié par M. Feuillet de Conches. Tome IV, années 1696, 1697, 1698, page 360. Firmin Didot, 1856.

» recteur de l'Université, qui harangua le roi à la paix et
» parla fort bien. » (Mercredi 4 juin 1698, à Versailles.)

« Le Roy, dit de son côté la *Gazette de France* (1), a
» nommé le sieur Vittement recteur de l'Université, pour
» être lecteur de Mgr le duc de Bourgogne, et l'abbé
» Le Fèvre pour être sous-précepteur des princes enfants
» de France. » (13 juin 1698.)

Enfin le *Mercure Galant*, juin 1698, page 224, s'exprime
ainsi : « Sa Majesté ayant résolu de chercher le mérite
» partout où elle le découvrira, sans s'attacher uniquement
» à la cour, a nommé M. Vittement, recteur de l'Univer-
» sité, pour être lecteur de Mgr le duc de Bourgogne, et
» M. l'abbé Le Fèvre, pour estre sous-précepteur des
» princes enfants de France. Les bonnes mœurs de l'un et
» de l'autre, et leur érudition ont fait tomber sur eux cet
» honneur, que non-seulement ils ne demandaient point,
» mais qu'ils n'espéraient pas même. »

« Vittement dut ce choix à son mérite, dit Saint-
» Simon (2), et à la beauté de la harangue qu'il avait faite
» au roi sur la paix, à la tête de l'Université dont il était
» alors recteur, et qui fut universellement admirée. »

Vittement était bien loin d'aspirer à cette haute position.

Le corps de l'Université était réuni aux Mathurins (3), où
avaient lieu les séances, et était à table, quand le message

(1) *Gazette de France*, page 288. De Versailles, 13 juin 1698. La
Gazette donne le 13 juin, Dangeau et Saint-Simon désignent le 4.

(2) Mémoires, tome ı, page 352, édition citée.

Journaux et mémoires sont d'accord sur Vittement : sa harangue
est le point de départ de son élévation. Ils parlent de lui avec certains égards, comme d'une personnalité que ses mœurs et son
érudition désignent aux plus hauts emplois, mais que sa modestie
tient à l'écart.

(3) L'Université ne possédait pas de local propre pour ses réu-
nions; elle tenait ses assemblées et ses comices généraux dans
une grande salle du cloître des Mathurins qui depuis des siècles

de la cour fut remis au recteur. Interdit de s'entendre mander de la part du roi, et, avant d'ouvrir la dépêche, Vittement hésite et s'enquiert des porteurs s'ils en connaissent l'objet. Ils l'ignorent et attendent M. le recteur pour l'accompagner dans une voiture de la cour. Vittement, s'adressant alors à ses collègues, leur demande si par hasard il aurait commis quelque faute dans la représentation ou dans ses paroles; mais ceux-ci sont certains que ni lui ni eux n'ont manqué en rien à leurs devoirs ou à la majesté du roi. C'est alors qu'il brise le sceau mystérieux, et saisi de stupeur en voyant sa nomination, il monte en voiture tout en protestant qu'il ne peut accepter. « Je vous ai » nommé, Monsieur le recteur, à une place de confiance, » lui dit le roi en recevant son salut, vous êtes lecteur des » Enfants de France. » Vittement interdit balbutiait un refus. « Si j'avais trouvé, lui dit le roi, plus homme de » bien et plus savant que vous, je ne vous chargerais » pas de l'instruction de mes enfants. » Vittement allait répliquer, mais le monarque l'arrêta : « Ce serait trop de » me forcer pour la deuxième fois à vous intimer ma » volonté. »

Le chancelier sortit avec le recteur, ne lui donnant que le temps nécessaire pour remettre le rectorat et la coadjutorerie de Dormans-Beauvais, et se rendre incontinent à Versailles avec ses élèves (1).

« Comme ce nouvel emploi, dit M. Jourdain, ne pouvait

lui donnaient l'hospitalité. Cet état de choses dura jusqu'en 1763; le collège Louis-le-Grand, après l'expulsion des Jésuites, devint le chef-lieu de l'Université de Paris; elle eut là ses salles de réunion, ses archives, sa bibliothèque.

(1) Cependant Vittement ne fut remplacé comme recteur que le 9 octobre 1698, et, à la même date, comme coadjuteur principal de Dormans-Beauvais.

se concilier avec l'administration du collège de Beauvais,
Vittement se chercha un successeur capable de maintenir
dans cette maison, qui lui était si chère, les traditions de
la religion et de l'étude, et il présenta Rollin. Il ajoute
que Vittement, malgré son mérite personnel, n'avait pas
toujours maintenu la paix entre les boursiers de son
collège que ces funestes divisions avaient beaucoup fait
déchoir (1). »

Qu'on nous permette ici quelques réflexions sur
le caractère intime de Vittement, administrateur et
homme public; aussi bien, il y a une nuance à établir et
une question à poser. Voici les faits et les dates : Vittement est nommé à la coadjutorerie du collège le 10 mars
1696, élu recteur le 10 octobre 1697, et, le 16 novembre
suivant, *mis en possession et libre exercice des fonctions
de maître et principal*; enfin, en octobre 1698, il est remplacé par Rollin, alors qu'il était déjà lecteur depuis le
4 juin précédent. Vittement fut donc vingt mois coadjuteur, mais en réalité il n'eut un pouvoir effectif que les
onze derniers mois, pendant lesquels il était en même

(1) *Histoire de l'Université de Paris*, page 278. Cette réflexion de
M. Jourdain fait dire au P. Chapotin en d'autres termes : « Vittement
était un homme excellent, mais faible. » Mais ni l'un ni l'autre ne
donnent de preuves précises, personnelles, administratives, si l'on
peut dire. Il s'agissait surtout de la situation respective du collège
de Beauvais et de celui de Presles qui étaient unis depuis un
siècle, sans que cette union eut profité aux études et à la discipline. Quatre classes avaient lieu dans les bâtiments de l'un, quatre
dans les bâtiments de l'autre. Les deux maisons, qui étaient
mitoyennes, avaient des portes de communication par lesquelles
les écoliers, surtout les boursiers, échappaient à la surveillance.
Rollin obtint du Parlement que pour l'avenir toutes les classes
fussent établies au collège de Beauvais, qu'un mur de clôture le
séparât de celui de Presles et que chaque collège reprit avec son
nom une existence propre.

temps recteur de l'Université et pourvu d'un emploi à la cour, ce qui le détachait forcément de son collège. Peut-on rigoureusement, dans un si court espace de temps, demander à un homme de nombreux actes d'administration, et l'accuser de faiblesse alors qu'il n'a pas la possibilité matérielle de rien produire ? Il faut bien reconnaître que le rectorat avec tout son cérémonial de fêtes, de visites, de représentation officielle, n'était pas une sinécure, et que Vittement après tout n'était que coadjuteur ? Et de ce que Rollin, avec une volonté persévérante, dut mettre fin à des abus invétérés, il ne s'en suit pas que Vittement ne put ni ne voulut y porter remède, ni surtout qu'il doive en subir la responsabilité. Toutefois, cette suspicion de faiblesse administrative soulève naturellement cette question préjudicielle : dans l'état critique où se trouvait alors le collège et dont Vittement allait hériter sans l'avoir créé, avait-il l'énergie nécessaire pour mener à bonne fin d'indispensables mais difficiles améliorations ? Les natures trop humbles et que le bruit effarouche n'ont pas ce qu'il faut pour manier les hommes ; elles reculent devant les froissements et les colères que suscite toujours une direction autoritaire et réformatrice, et tout acte, qui met en avant leur personnalité, éveille aussitôt dans leur esprit timoré la crainte d'un orgueil dominateur. La Providence, qui ménage les hommes pour les situations et les situations pour les hommes, a épargné à Vittement cette épreuve ou cet échec. Tel était peut-être son tempérament moral. Mais alors il sut vraiment se connaître, et, s'il ne se sentit pas né pour le commandement, il eut du moins le rare mérite de refuser constamment la première place. La vanité, l'orgueil, l'ambition empêchent souvent de voir clair, et chacun croit si aisément posséder au suprême degré la faculté d'adaptation aux milieux et d'appropriation aux choses !

Nous aimons mieux de sa vie de chapelain, de professeur et de principal, citer ces deux traits de désintéressement et de générosité, présages certains de la modération
et du détachement des biens du monde, qui devaient plus
tard briller en lui au sein de la fortune et de la grandeur.

« Un jour (c'était le 27 octobre 1696), 89 livres 16 sous,
» un petit trésor pour un homme si pauvre, lui étaient dus
» par le collège pour ses honoraires de chapelain, il les
» abandonne pour l'ornementation de la chapelle, et
» souscrit avec joie à la proposition faite en communauté
» d'employer cette somme « à construire un contre-
» étable au maître-autel, avec un lambris de menuiserie
» des deux côtés jusques aux tombeaux des fonda-
» teurs (1). »

« Une autre fois, trois ans plus tard (1699), le collège
» constatait qu'il était redevable à Jean Vittement de
» 1,600 livres 2 sols et 5 deniers; il paraît que l'on
» connaissait déjà bien son désintéressement, que l'on
» comptait sur sa patience, et que l'on ne craignait pas de
» laisser s'accumuler les dettes avec un tel créancier.
» Vittement ne voulut rien toucher de cette somme, il en
» fit don au collège. C'était bien celui que l'on devait voir
» un jour repousser les dons du roi lui-même, et se
» contenter à la cour la plus brillante du monde du strict
» nécessaire (2). »

(1) Archiv. nat., Reg. M. M. 363, f° 69. P. Chapotin, pag. 339
340.

(2) Ibid. M. 99. P. Chapotin, page 340.
Vittement ne recevait rien comme coadjuteur : on a vu que
Nicolas Boutillier s'était tout réservé. Comme chapelain, il touchait
250 livres, plus le casuel des fondations, en cas de présence. Le
traitement du régent de rhéthorique était de 150 livres; c'était
apparemment le même pour le régent de philosophie. M. Jourdain
qualifie Vittement de sous-principal quand il fut nommé recteur,

Vittement, nous l'avons dit, obligé de se démettre de la coadjutorerie du collège, avait demandé, pour dernière grâce, au vieux principal Boutillier et au Parlement de lui donner Rollin pour successeur. Le Parlement, à qui la nomination appartenait, n'eut pas de peine à reconnaître que l'on ne pouvait faire un choix meilleur. Rollin se vit appelé ainsi aux fonctions les plus actives et les plus pesantes qui existent dans la profession de l'enseignement.

« Le nom de Rollin, dit le P. Chapotin, était dès lors à Paris
» et dans la France entière le synonyme de savoir, de modes-
» tie et de dévouement absolu à l'éducation de la jeunesse :
» l'obscurité de sa naissance, l'éclat de ses études au col-
» lège Du Plessis où le célèbre Hersan, son professeur,
» l'appelait le *divin*, l'admiration de ses condisciples,
» l'honneur qu'il avait eu de succéder à vingt-deux ans à
» son maître et le progrès qu'il avait fait faire aux études,
» sa promotion à la chaire d'éloquence au collège royal,
» les travaux historiques qu'il avait commencés, sa piété,

c'est sans doute l'équivalent de coadjuteur, premier après le principal. A Dormans-Beauvais, on disait sous-maître, et nous ne voyons pas que Vittement ait jamais eu ce titre après avoir quitté sa chaire de philosophie. Un acte du 21 décembre 1699 ne nomme plus Vittement parmi le personnel des maîtres ou des chapelains du collège. La place de coadjuteur était donc hors cadre, et les comptes ne lui assignent aucune indemnité. Vittement devait donc toucher annuellement 150 livres comme régent de philosophie, et 250 comme chapelain. Cette dette de 1,600 livres doit être sa dernière affaire d'argent avec le collège dont il se sépare; mais elle nous montre que de tout le temps qu'il y demeura, comme professeur, chapelain et coadjuteur, environ une quinzaine d'années, en tenant compte de son séjour chez le marquis de Louvois, il abandonna peut-être autant d'argent qu'il en reçut; dans son testament, il acheva largement cette *restitution* à la maison qu'il avait servie d'une façon si désintéressée.

» la douceur et la force de son caractère, tout cela formait
» autour de Rollin comme une auréole de vénération et
» de confiance, et présageait un avenir prospère au collège
» dont il daignait prendre la direction. »

Ces espérances furent réalisées : de grands succès couronnèrent son administration et ses efforts. Surtout il eut soin d'attirer autour de lui les collaborateurs les plus capables de le seconder, et parmi eux Charles Coffin, nom déjà populaire dans l'Université de Paris.

Quelle illustration pour l'œuvre du cardinal de Dormans que ces trois noms et que ces trois hommes si bien faits pour se comprendre, s'estimer et s'aimer ? Tous trois se succédant dans la principalité du collège de Beauvais et lui imprimant une prospérité et une renommée de jour en jour croissantes ! Tous trois recteurs de l'Université dont ils seront toujours l'honneur. C'est Coffin qui, nommé principal en 1712 à la retraite forcée de Rollin (1), prononcera cet éloge du vieux cardinal de Dormans, en présence du collège et de l'Université en corps, dans cette chapelle qu'il avait fondée :

« Nos prières vont retentir en ce sanctuaire où tout est
» l'œuvre d'une pensée religieuse, où tout respire la
» sainte piété de son illustre fondateur, de cet homme qui,
» élevé aux premières dignités de l'Eglise et de l'Etat,
» évêque, cardinal, chancelier de France, à ces titres glo-
» rieux préféra celui de Père des pauvres !!... Il possé-
» dait des richesses immenses ; il était tout puissant

(1) En 1702, Rollin, ami d'Arnauld, donna l'hospitalité au P. Quesnel alors banni, mais rentré en France au mépris des lois. Une perquisition eut lieu au collège sans rien faire découvrir ; mais Rollin, par toutes sortes d'imprudences, mit le comble aux méfiances et, au mois de juin 1712, Rollin reçut de la part du roi l'ordre de sortir du collège.

» auprès de son roi (1), il pouvait s'adonner au luxe et à
» la bonne chère... mais plus soucieux du bien de l'Eglise
» et de sa patrie que de ses plaisirs..., content pour lui-
» même d'une maison honnête et modeste, il a voulu
» consacrer ses richesses à nourrir et à élever de pauvres
» écoliers. Voilà bientôt quatre cents ans qu'il a quitté
» cette terre, mais il vit par le souvenir ineffaçable et tou-
» jours jeune de ses bienfaits. Ni la pourpre, ni les autres
» insignes de ses hautes fonctions ne l'ont suivi dans la
» mort, les fruits de sa magnificence s'attachent à lui-
» même au-delà du tombeau, et chaque jour le montre
» vivant encore à l'Eglise, à la patrie, à l'Université.
» Depuis longtemps, elle s'est éteinte cette race de Dor-
» mans, la seule qui ait donné trois chanceliers à la
» France (2) ; de cette tige généreuse, il ne reste pas
» même un rejeton, mais lui, il s'est créé une race impé-
» rissable... Cette famille, se renouvelant sans cesse,
» soutiendra jusque dans la postérité la plus reculée le
» nom et la gloire de son noble ancêtre. »

Et un autre jour que la procession de l'Université
viendra encore s'arrêter et prier dans la jolie chapelle de
Saint-Jean, Coffin dira à ses professeurs, à ses élèves et à
leurs savants visiteurs : « Permettez-moi de féliciter ce

(1) Charles V le Sage, † 1380 ; ce fut le cardinal de Dormans qui baptisa Charles VI dans l'église Saint-Paul, à Paris, le mercredi 6 décembre 1368.

(2) Jean de Dormans, évêque de Beauvais en 1360, cardinal en 1368, fut chancelier de France du 28 septembre 1361 au 21 février 1371 ; après la mort de son frère, il reprit les sceaux du 11 juillet au 7 novembre 1373, jour de sa mort.

Guillaume de Dormans, frère du cardinal, fut chancelier du 21 février 1371 au 11 juillet 1373, jour de sa mort.

Milon ou Miles de Dormans, fils du précédent et neveu du cardinal, évêque de Beauvais, fut chancelier du 1er octobre 1380 au mois d'août 1381.

» collège à qui revient la meilleure part de cette fête. Et
» certes, il est bien juste que l'Université honore tant
» d'hommes devenus plus tard son appui et sa gloire...
» Qui ne se souvient avec attendrissement de ce maître dis-
» tingué, autrefois professeur ici et recteur, que Louis XIV,
» toujours si habile à discerner le vrai mérite, a arraché à
» l'obscurité de la vie privée pour le produire au grand
» jour de la cour, et lui confier ce qu'il avait le plus à
» cœur, l'éducation des enfants de France (1). »

C'est Coffin qui composera l'épitaphe de Vittement et laissera tomber de son cœur ce témoignage public d'estime, d'admiration et de regret (2).

Mais si Rollin et Coffin, pendant le long exercice de leur principalat (3), possédèrent à un plus haut degré que Vittement l'art de gouverner une maison composée d'éléments multiples et contraires, s'ils eurent plus que lui l'énergie nécessaire pour rompre avec tout ce qui pouvait entraver le libre exercice de leur autorité, en revanche ils ne surent pas aussi bien gouverner leur propre esprit au milieu des discordes religieuses de leur temps. Malgré les insinuations posthumes des jansénistes contre Vittement, nous croyons pouvoir affirmer le parfait équilibre de son esprit et sa soumission constante à la foi catholique et à l'autorité

(1) Les œuvres de Coffin. Tome I, pages 255-259. P. Chapotin, pages 385-386.

Cet éloge du cardinal, auquel se joint celui de Vittement, nous a paru convenir dans cette étude où tout parle de lui et de son œuvre.

(2) C'est encore Coffin qui fournit à Moréri l'article Vittement pour son dictionnaire.

(3) Rollin, né à Paris en 1661, mort en 1741, fut principal de Dormans-Beauvais de 1698 à 1712.

Coffin, né à Buzancy en 1676, mort en 1749, fut principal de Dormans-Beauvais de 1712 à 1749.

du pontife romain (1). Il n'en est pas de même de Rollin
et de Coffin; quel attrait fit donc pencher vers le jansénisme et tomber dans cet esprit de secte aveugle et obstiné
leur belle et droite nature ?

L'abbé Robert nous dit que Vittement, dans sa retraite
chez les Pères de la doctrine chrétienne, recevait la visite
des élèves du collège de Dormans-Beauvais et de leurs
supérieurs qui étaient ses amis. En effet, nous ne pouvons
pas douter qu'il n'ait conservé, jusqu'à sa mort, des relations affectueuses avec ces deux hommes célèbres, surtout
avec Rollin, et nous aimons à les voir tous les deux,
animés d'une si grande piété, quittant parfois leur humble
et laborieuse retraite, pour se visiter, toujours d'accord
pour parler du vieux collège, de Dieu et de leurs chères
études. La tradition à Dormans racontait leur fidèle amitié;
le choix fait par Vittement en est une preuve et leur parité
de goût la confirme; n'est-ce pas à tous les deux également
que convient cette inscription composée par Rollin pour sa
petite maison de la rue Neuve-Sainte-Geneviève :

> *Ante alias dilecta domus, quâ ruris et urbis*
> *Incola tranquillus, mecque Deoque fruor.*

Ce distique les peint bien tous les deux, ennemis du
faste, simples et pieux. *Uni Deo vacare certus*, dira Coffin
de Vittement dans l'épitaphe qu'il lui a consacrée.

(1) Dans son testament, qui est de 1715, il déclare qu'il veut vivre
et mourir dans le sein de la sainte Eglise catholique et romaine,
la reconnaissant pour sa véritable mère.... et il soumet à l'Eglise
très sincèrement et de tout son cœur ce qu'il a jamais dit, écrit ou
pensé. Etant donné le caractère de Vittement, on ne peut sans
preuves positives douter de sa bonne foi.

CHAPITRE II.

Vittement à la cour de Versailles (1698). — Il accompagne le duc d'Anjou, Philippe V, en Espagne (1700). — Il revient en France et se retire chez les Pères de la doctrine chrétienne (1711). — Il est nommé sous-précepteur de Louis XV (1716). — Il se retire de nouveau à la Doctrine chrétienne (1723).

Les courtisans, qui se souvenaient du mot du roi lors du discours de Vittement après le traité de Ryswick, spéculaient déjà sur l'entremise d'un nouveau favori, et escomptaient d'avance les bienfaits de sa protection; on faisait la cour au lecteur. Mais celui-ci, dès qu'il s'en aperçut, élimina doucement ses clients en leur disant qu'il ne s'intéressait jamais qu'au malheur et à l'infortune.

« La cour, dit Coffin, n'eut pas pour Vittement les
» attraits que les courtisans y trouvent. Il y vécut en bon
» prêtre et en homme d'étude. Après les heures qu'il
» donnait aux princes, ses élèves, il se renfermait dans
» son appartement pour s'y livrer tout entier à la prière
» et à la lecture. Cette manière de vivre le mit en une
» haute considération auprès des plus grands seigneurs de
» la cour, qui, pleins eux-mêmes des plus beaux senti-
» ments que la religion inspire, rendaient hommage à la
» vertu où ils la trouvaient. De ce nombre étaient, sans
» parler de beaucoup d'autres, MM. les ducs de Beau-
» villiers et de Chevreuse, les maréchaux de Villeroy et
» Noailles (1). » Pieux et savant, doux et modeste, Vitte-

(1) Moréri, article Vittement.

ment ignorait ses talents et son propre mérite ; aussi l'austérité de ses mœurs ne déplaisait à personne : il vivait également dans l'amitié des Bossuet, Fénelon, Huet, Polignac, Fleury et des Jésuites de la cour, particulièrement du P. de la Chaise. Il était estimé des savants de Port-Royal, il ne s'immisçait dans aucune querelle théologique ou littéraire et s'en tenait sur ces matières à ses principes invariables (1).

Il y avait deux ans que Vittement prodiguait aux princes ses soins et son savoir, lorsque le testament de Charles II, 2 octobre 1700, appela le duc d'Anjou sur le trône d'Espagne. Ce prince, âgé de dix-sept ans, et appréciateur de la sagesse et du dévouement de son lecteur, désira l'emmener avec lui, et Louis XIV, de son côté, voulut que Vittement accompagnât le jeune roi inexpérimenté et l'aidât de ses conseils. C'était assurément lui demander un grand sacrifice ; Vittement ne sut pas s'y soustraire ; cette noble confiance de deux rois lui imposait une obéissance bien honorable et dont tout autre eût tiré vanité. L'abbé partit donc pour l'Espagne quelque temps après le roi, et « aussitôt que ce prince sut que M. Vittement était entré » sur les terres qu'il commandait, il lui envoya par un » gentilhomme une bourse de ducats qu'il ne voulut point

______

(1) C'était au plus fort de la dispute entre Bossuet et Fénelon au sujet du livre des *Maximes des Saints*, publié en 1697 ; la ville et la cour se passionnaient au spectacle de leurs débats. La disgrâce de Fénelon et de ses amis, nous l'avons vu, avait amené Vittement à la cour. Après des attaques, des réfutations, des répliques échangées avec une verve et une éloquence incomparables entre les deux jouteurs, le livre fut condamné en 1699. Alors aussi le jansénisme relevait la tête avec le *Problème ecclésiastique*, publié vers la fin de 1698 ou au commencement de 1699, et relatif aux réflexions morales du P. Quesnel.

» recevoir (1). » A peine arrivé à Madrid (avril 1701),
Philippe V veut faire de Vittement son grand aumônier ; les
honoraires de cette haute fonction sont de 8,000 ducats
d'or (84,000 livres), et, pour l'attacher à sa personne et à
son royaume par des liens indissolubles, il lui annonce
qu'il est désigné à l'archevêché de Burgos (2). Ces deux
bénéfices allaient doter d'une fortune considérable un
homme qui n'aimait que la pauvreté. Mais si Vittement
était humble et désintéressé, il avait aussi sur la politique
à suivre en Espagne les vues d'un sage diplomate. S'auto-
risant de la charge que lui avait imposée Louis XIV d'aider
son royal élève de ses conseils et de ses remontrances :
« Sire, lui dit-il, je n'ai garde de me prêter à vos inten-
» tions généreuses et à l'acte impolitique que vous feriez
» en m'investissant, moi Français, de deux dignités émi-
» nentes qui appartiennent plus justement à des nationaux.
» Si j'acceptais vos faveurs, qui sait quelles conséquences
» aurait dans l'avenir ma témérité pour vous et pour
» moi ? » Le roi se rendit à ce raisonnement si plein de
prudence, mais sans cesse il le postulait par de nouvelles
offres de places, d'honneurs ou de pensions.

« Pendant le peu de séjour qu'il fit dans cette dernière
» cour, dit Coffin, les deux monarques de France et d'Es-
» pagne le chargèrent de plus d'une affaire importante à
» la grande satisfaction des deux couronnes. Il avait de
» Philippe V une heure d'audience tous les jours, qui ne
» fut interrompue que par la guerre de Naples où le roi se
» trouva en personne. »

(1) Moréri, article Vittement.

(2) D'après l'abbé Robert, les contemporains de Vittement
croyaient que l'archevêché de Tolède fût le bénéfice qu'il refusa
en Espagne ; c'était le plus riche connu, il valait 900,000 livres de
rente. En désignant Burgos, nous avons suivi le sentiment de
Coffin.

Mais la cour d'Espagne le vit aussi simple dans ses habitudes et aussi modeste dans ses désirs que l'avait vu Versailles. L'abbé s'était fait à Madrid une solitude comme il se l'était faite au milieu de la cour de France, heureux seulement de contempler la puissance et de partager les épreuves de celui qui savait si bien honorer son vieux maître.

Cependant l'inquiétude, le climat, le genre de vie du peuple espagnol minaient insensiblement la santé pourtant robuste de Vittement; le roi s'apercevait de cet état et redoublait de soins et d'égards, mais il était impuissant contre ce mal, et Vittement aurait fini par succomber. D'ailleurs, ne croyant plus sa présence nécessaire, il ne craignit pas de solliciter son retour en France. Philippe V n'y consentit qu'avec peine, contraint par l'intérêt de la santé de son cher conseiller, et Vittement repassa les Pyrénées, en même temps que le roi partait lui-même pour aller visiter ses Etats d'Italie, août 1702 (1).

(1) Nous adoptons ici le récit de Coffin sur la date de ce retour. L'abbé Robert le fixe au commencement de l'année 1710, Vittement aurait accompagné en France les envoyés de Philippe V, venant complimenter Louis XIV à l'occasion de la naissance du duc d'Anjou (Louis XV); ce serait même Vittement qui aurait porté la parole au nom de l'Espagne, à la grande satisfaction de Louis XIV, toujours friand des harangues de Vittement. L'abbé Robert n'appuie d'aucune autorité ces détails, qu'il n'inventa pourtant pas lui-même. Vittement se retira au collège de Dormans-Beauvais, dit Coffin, sans doute avec le titre de chapelain qui lui fut rendu à la première vacance; car en 1700 les quatre places de chapelain sont au complet. L'abbé Robert dit qu'il se retira à la Doctrine chrétienne à son retour d'Espagne en 1710; Coffin lui fait choisir cette retraite en 1711 : l'écart est peu considérable, et, à vrai dire, il y a accord sur ce dernier point. Si Vittement passa ces huit années au collège, il y fut simplement chapelain; malheureusement nous n'avons trouvé dans les archives du collège aucun acte relatif à cette

« Il saisit cette conjoncture (1), abandonnant de lui-
» même les flatteuses espérances de la plus brillante
» fortune, pour trouver un meilleur trésor dans sa chère
» retraite du collège de Beauvais. C'est là qu'à l'occasion
» de papiers enlevés au P. Quesnel, lorsqu'il fut mis en
» prison à Bruxelles, les Jésuites voulurent envelopper
» dans son affaire M. Vittement, comme tant d'autres qui
» n'étaient pas plus coupables. Vers le mois de juin 1704,
» inquiété à ce sujet, il fut en danger de perdre son
» emploi de sous-précepteur. S'il y fut conservé, c'est qu'il
» réussit à convaincre Louis XIV qu'on l'avait pris pour
» un autre, et qu'il n'était pas la personne dont il s'agis-
» sait dans les extraits de lettres qu'on produisit contre
» lui.

» Outre son grand ouvrage sur toute l'Ecriture sainte,
» M. Vittement a laissé un opuscule contre la constitution
» *Unigenitus*, dont un prêtre si savant et si pieux ne pou-
» vait qu'être l'ennemi. La pente de sa piété l'avait tou-
» jours, malgré les divers engagements de la Providence,
» conduit à la retraite, à la vie pauvre, obscure et
» inconnue. »

Nous avons réuni ces deux passages d'un article biographique, qui n'est que la reproduction de celui de Coffin
dans Moréri, avec des additions jansénistes d'une main

époque, où il soit question de lui. Dans un écrit du 21 décembre
1699, les quatre chapelains sont nommés, et Vittement n'en est pas;
et dans un autre procès-verbal de visite au collège, 11 juillet 1709,
ont comparu...... *et les chapelains, excepté M. Vittement qui est
absent.* Il avait donc repris ses fonctions, mais à quelle époque ?
Nous l'ignorons. (V. archives de Dormans.)

(1) *Nécrologe des appellans et opposans à la bulle Unigenitus de
l'un et de l'autre sexe, avec des pratiques et des prières à chaque
article,* MDCCLV.

inconnue, pour en finir d'un seul coup avec cette question religieuse.

Dans le *Recueil nécrologique* des célébrités du parti, imprimé en 1755, on a fait figurer Vittement mort depuis 24 ans : un tel nom pouvait faire honneur à la secte, et les réclamations n'étaient plus à craindre. Mais pourquoi donc les *Nouvelles ecclésiastiques*, journal à l'affût de tous les *appellans* et *opposans*, vivants ou morts, dans toute la France, n'ont-elles pas relaté le décès de Vittement en 1731, comme elles le faisaient pour tous les ecclésiastiques de province entachés ou soupçonnés de jansénisme? Pourquoi donc Coffin, janséniste déclaré, ne fait-il aucune allusion à cette enquête de 1704, ni à une communion d'idées qu'il lui était difficile de taire? Et c'est vingt-quatre ans après que Vittement a disparu, alors qu'il n'a laissé aucun gage écrit ou verbal au jansénisme, alors que ses contemporains n'ont mêlé son nom ou cité son adhé-sion à aucun des conflits actuels, c'est alors qu'un auteur anonyme le compromet dans une affaire vieille de cin-quante ans, et affirme qu'il a laissé un opuscule contre la constitution *Unigenitus*? D'ailleurs Vittement à peine de retour d'Espagne, était, dit-on, rentré à Dormans-Beauvais; il n'était donc pas à la cour en fonction de sous-précep-teur, et ne risquait pas d'en être chassé.

Voici l'événement auquel il est fait allusion : il s'agit de Rollin et non de Vittement. Rollin était principal de Dormans-Beauvais; il avait une grande affection pour le P. Quesnel; une correspondance active s'établit entre eux; et en 1702, ce sectaire exilé, ayant exprimé le désir de revenir à Paris, non-seulement le principal de Beauvais lui offrit l'hospitalité de son collège, mais il ne craignit pas de lui laisser célébrer la messe dans la chapelle. Ce grand secret serait resté enseveli dans le cœur de quelques amis de Rollin et du P. Quesnel, si pour le malheur de l'un et de l'autre, ce dernier n'avait été arrêté par les gens du roi à son retour dans les Pays-Bas. L'inspection de ses papiers où l'on trouva des lettres de Rollin mit sur la trace de la faute commise, et un jour le principal de Beauvais vit un exempt se présenter à la porte du collège et lui déclarer de la part du roi qu'il venait visiter son appartement et ses papiers. Ce fut pour Rollin un coup de foudre : la Bastille était là ; mais, grâce à une ruse ingénieuse, il eut le temps de jeter au feu les papiers dont la découverte aurait tout perdu. Cette perquisition n'eut point de résultat, d'autant que Rollin trouva en cette malencontreuse affaire, une protection aussi puissante qu'inespérée dans l'intervention du P. La Chaise, confesseur de Louis XIV (1). Voilà le fait ; nous sommes loin de la complicité de Vittement et de la haine des Jésuites. Au surplus, si Rollin dans ses lettres au P. Quesnel parlait de quelques amis communs sans les nommer, c'était assurément des plus chauds partisans de l'exilé, et, par une insinuation perfide, eût-on prétendu qu'il s'agissait de Vittement, que la mémoire de celui-ci n'en saurait être atteinte, puisqu'il n'eut pas *de peine à se justifier et à convaincre Louis XIV qu'on l'avait pris pour un autre.*

Abordons maintenant cette autre accusation formelle, que Vittement aurait écrit contre la constitution *Unigenitus.* D'après notre conviction, l'étude des faits et le caractère profondément honnête de Vittement, c'est là une affirmation gratuite des jansénistes, une calomnie qui s'appuie sur cette seule *possibilité*, qu'un *prêtre si savant et si pieux ne pouvait qu'être l'ennemi de cette Bulle :* ce n'est pas là un argument historique.

Le *Nécrologe* cite comme appuis de son article biographique, Moréri et le 4ᵉ *volume du Cas de Conscience* (sic).

(1) P. Chapotin.

Or, Moréri ou Coffin qui a rédigé l'article, est absolument muet sur cette question du jansénisme. Quant au *Cas de Conscience décidé par quarante docteurs de la Faculté de Paris*, ce n'est qu'un petit opuscule de quelques pages, imprimé en 1702, alors que la Bulle *Unigenitus* ne fut promulguée par Clément XI qu'en 1713. Le nom de Vittement ne figure pas une seule fois parmi ceux de tous les docteurs consultés. Une édition de 1703, de 51 pages, est divisée en sept parties; la quatrième comprend un *Entretien d'un vieux et d'un jeune docteur de Sorbonne sur la même décision*, sans désignation de noms. Prétendre, cinquante ans après, que le vieux docteur n'est autre que Vittement, nous le répétons, c'est venir un peu tard en faire un janséniste. Laissons-le du reste se défendre lui-même : son testament fut écrit de sa main en 1715, deux ans par conséquent après l'apparition de la *bulle Unigenitus. Je déclare*, y dit-il, *que je veux vivre et mourir dans le sein de la sainte Eglise catholique et romaine, la reconnaissant pour ma véritable mère... Je soumets à l'Eglise très sincèrement et de tout mon cœur ce que j'ai jamais dit, écrit ou pensé, et je veux mourir dans le sein de l'Eglise et dans la communion des fidèles.* Voilà ce qu'il écrivait en 1715; en 1697, il avait félicité le roi *de s'être opposé avec toute la vigueur du fils aîné de l'Eglise, aux nouveautés toujours dangereuses.* Vittement n'était pas plus hypocrite qu'il n'était ambitieux, et il était aussi sincère et loyal qu'il était humble et désintéressé.

Le roi d'Espagne n'oubliait pas son ancien lecteur, et dans ses lettres il le recommandait à Louis XIV, le priant de payer pour lui en France la dette de reconnaissance qu'il avait contractée. Un des grands sièges ecclésiastiques étant venu à vaquer, Vittement est appelé à la cour : « Je me propose, lui dit le roi, de vous nommer à un évêché que plusieurs de vos compatriotes ont occupé dignement,

mais je n'entends pas être refusé quand je vous l'offrirai.
— Sire, répond le héros de la pauvreté et de l'humilité,
mon pays natal a donné à l'Eglise et à l'Etat plusieurs
grands hommes; que suis-je moi? Ce qui m'honore, c'est
le poste difficile que Votre Majesté m'a confié auprès des
enfants de France, mais je ne serai jamais capable de gouverner un diocèse. Je ne ferais que succéder à d'illustres
compatriotes sans pouvoir jamais réellement les remplacer.
Ne m'humiliez donc pas, Sire, en voulant m'élever, et daignez me laisser dans mon obscurité. » Le roi, peu habitué
à ces refus, s'irritait de tant d'obstination dans le désintéressement : « Mais enfin, lui dit-il, que voulez-vous donc
de moi, car j'entends reconnaître vos services ? — Sire, je
ne demande que la continuation de la pension de lecteur
que vous avez daigné me laisser jusqu'à présent. — Je vous
la conserve provisoirement, fit le roi, et je vous donnerai
toujours des marques de ma bienveillance (1). » Ainsi
Vittément ne sollicitait rien et refusait tout, et Louis XIV
n'accordait rien de nouveau. Et si l'on se rend compte de
tout le bien que faisait cet homme charitable, il faut
nécessairement admettre qu'il ait reçu de la maison de
Louvois et du roi d'Espagne des sommes d'argent qu'il
aurait placées à Paris; ses émoluments de professeur et de

(1) Les contemporains de Vittement disaient à l'abbé Robert que
les bénéfices offerts successivement à l'abbé par Louis XIV et
Louis XV, furent l'archevêché de Sens et les évêchés de Beauvais et
de Meaux, jadis occupés par des Dormanistes; en effet, voici les
grands hommes dont parle surtout Vittement :

Jean de Dormans fut évêque de Lisieux, puis de Beauvais et cardinal, chancelier de France........................ † 1373

Guillaume de Dormans, chancelier de France........ † 1389

Miles de Dormans, successivement évêque de Bayeux,
d'Angers et de Beauvais, chancelier de France .... † 1387

Guillaume de Dormans, évêque de Meaux, puis arche-
vêque de Sens .... † 1405

chapelain, et plus tard sa pension de 10,000 livres ne pouvaient en aucun temps suffire à ses aumônes et aux secours qu'il distribuait partout où il apprenait l'existence d'une infortune. Son testament, ses fondations, un mémoire de ses charités annuelles, nous étonneront par la quantité des sommes qu'ils contiennent ; cette générosité facile s'explique encore, si l'on songe combien minime était sa dépense personnelle. Quand il fut retiré chez les Pères de la doctrine chrétienne, il y vivait très solitaire, n'y recevant que quelques amis et beaucoup d'indigents cachés ; il n'en sortait guère que pour aller au collège de Dormans-Beauvais visiter ses anciens collègues, et encourager ses jeunes compatriotes au travail et aux bonnes mœurs.

Deux fois par an, Vittement allait à Versailles présenter ses hommages au roi qui finissait sa longue et glorieuse carrière. Ce prince aimait à s'entretenir avec un homme que toute la cour respectait, auquel il avait donné sa confiance et qu'il se proposait encore de mettre dans l'éducation de son petit-fils. Un jour, Louis XIV lui demanda, sans doute à dessein de lui raconter l'anecdote suivante, quel est son pays natal ? — Dormans, répond l'abbé, où Votre Majesté daigna manger et coucher chez un des habitants. — Ah, ah, dit le roi en riant, je n'oublierai jamais cette aventure : c'était peu après la révocation de l'édit de Nantes (1685), je fus logé chez un protestant ; un jacobin me dit la messe et je sortis du pays sain et sauf.

Louis XIV faisait allusion à l'assassinat de Henri IV, victime également du ressentiment des protestants et de la Ligue. Le religieux dominicain qui, avant le départ du roi, lui dit la messe, était Jean de Launcy, principal du collège de Dormans (1). Le protestant, qui lui donna l'hospi-

(1) En France, les dominicains prirent le nom de jacobins, à cause de leur couvent bâti à Paris dans la rue Saint-Jacques, en 1218.

talité s'appelait Duval, il était riche négociant (1). Sa maison allait de la rue d'Enfer à la rue du Château et s'avançait en angle droit au milieu de la grande rue actuelle qu'elle fermait complètement avant la percée de la route, en 1760. Les deux maisons en pointe arrondie et en forme de coins, qui donnent sur ces trois rues, sont les restes de la maison Duval dont le milieu a été coupé. Louis XIV lui demanda ce qu'il pourrait faire pour lui être agréable. « Sire, répondit-il, permettez-moi de signaler par un monument l'honneur que Votre Majesté vient de faire à la ville et à moi. » Le roi le lui accorda bien volontiers, et Duval fit former sur le sol devant sa maison une couronne royale dessinée dans le pavage même et qui occupa toute la place, entre la rue d'Enfer, la rue du Château et la grande rue descendant de la fontaine. Cette couronne subsista longtemps, sinon jusqu'à la Révolution, du moins jusqu'à la construction de la nouvelle chaussée sur l'emplacement de la maison. C'est de là que vient à ce carrefour le nom de place de la Couronne, où chaque matin des jours d'été et d'automne se tient le petit marché. Le nom seul rappelle aujourd'hui ce souvenir historique ignoré du plus grand nombre (2).

(1) Un de ses petits-fils, l'abbé Duval, mourut déporté à la Guyane pour avoir refusé de prêter le serment schismatique à la constitution civile du clergé. A une époque, la population de Dormans fut en grande majorité protestante, et, d'après la tradition, l'église paroissiale aurait servi à leur culte, ainsi qu'une crypte qui existe encore. Mais la religion catholique reprit bientôt le dessus et d'une manière complète; il n'est mémoire d'homme à Dormans qui se rappelle avoir entendu parler d'une famille protestante locale.

(2) On dit habituellement : *A la Couronne*, pour y indiquer qu'on y va, qu'on en vient, qu'on y vend, etc., il y a à côté le *café de la Couronne*.

Vittement avait à un haut degré la confiance de Louis XIV. Quelque temps après son retour d'Espagne, il est mandé chez le roi qui le charge d'une mission secrète (1) : il devait prendre la route d'Allemagne et ne s'arrêter nulle part que pour les gîtes. Vittement voyageait à petites journées dans une voiture de la cour. Arrivé à Dormans, au milieu du faubourg de Chavenay, il ne peut dominer l'émotion bien légitime de son cœur à un tel endroit ; il fait arrêter, met pied à terre en recommandant à son domestique de l'attendre, puis il disparaît dans le couloir d'une maison voisine. Comme il tarde à en sortir, le laquais inquiet se précipite dans le passage, traverse la cour, le hangar, le jardin, et déjà il revenait sur ses pas, en proie à la plus vive anxiété, quand il croit entendre des soupirs dans une pièce sombre qui ouvre sur le long corridor. Il pousse la porte, et aperçoit dans un demi-jour son maître à genoux et priant. Le domestique, de plus en plus étonné, et croyant n'avoir pas été entendu, se retirait doucement ; mais Vittement se relève, l'appelle et lui dit : « Il ne fallait pas quitter la voiture, mais » puisque vous êtes ici, approchez : à la place de ce » ratelier et de cette mangeoire, était le lit de mon père » et de ma mère ; c'est là que je suis né, et c'est là qu'ils » sont morts ! Vous voyez que vous servez le fils de

(1) Aux archives des affaires étrangères, rien n'indique cette mission ; le nom de Vittement ne figure nulle part dans la liste des envoyés extraordinaires : ce devait être une mission secrète et verbale qui n'a pas laissé de trace. Rien non plus ne nous en indique la date. D'après Coffin, ce serait de 1702 à 1715 ; d'après l'abbé Robert, de 1710 à 1715. Toutefois nous verrons plus loin qu'il était revenu en 1709 ; Coffin serait donc dans le vrai. Cette mission, et son retour d'Espagne, voilà un double désiderata que l'avenir réalisera peut-être.

» pauvres gens, mais ils étaient honnêtes et respectables;
» priez pour eux (1). »

Cependant les habitants du faubourg s'attroupaient autour de la voiture; on en avait vu descendre un ecclésiastique, il était dans la maison Vittement, on pouvait croire que c'était l'abbé. Il paraît et aussitôt il est reconnu, on lui prodigue mille marques d'attachement et de respect; mais comme il n'avait pas dû s'arrêter, il se hâte de distribuer quelque argent, il confie une petite somme à un particulier avec charge de faire ériger une croix appliquée au seuil droit de sa maison natale, en souvenir de ses parents, et il remonte en voiture. Il évita de paraître dans la ville et de s'y attarder plus longtemps en gagnant la grande route par la rue du Saint (2). Avant 1793, on allait en procession à cette croix le dimanche des Saintes-Reliques et le jour de Saint-Hippolyte la fête patronale (13 août), et on y chantait un *De profundis* pour la famille Vittement. Alors cette croix était appelée croix Saint-Hippolyte et croix Vittement; peut-être l'abbé ne fit-il que remplacer un ancien monument tombé de vétusté.

Louis XIV mourut le 1er septembre 1715, laissant la couronne au duc d'Anjou, âgé de cinq ans et demi.

Vittement, dit l'abbé Robert, fut assidu chez le roi pendant ses derniers jours; et il ajoute : « La vertu, le véritable mérite, les talents ne restent dans l'oubli sous aucun règne. » Louis XIV, à la vérité, avait associé Vittement à

(1) Anthoine Vittement, son père, fut inhumé à Dormans, où il mourut le 29 décembre 1691. Nous n'avons pas vu l'acte de décès de sa mère. Vittement se montre bien ce qu'il est toujours, humble même devant son domestique qui croit servir un grand dans la personne d'un homme de confiance du roi, et trop noble de cœur pour ne pas l'associer à sa piété filiale et à ses souvenirs d'enfance.

(2) On dit aujourd'hui les grands remparts.

l'œuvre de l'éducation de Louis XV, mais ce n'est qu'après son décès que l'ancien lecteur entra en fonctions (1). Le duc d'Orléans, régent du royaume, qui connaissait Villement et les résolutions prises à son égard, mit en exercice le sous-précepteur qu'il semblait encore honorer par un second choix. L'abbé est mandé à la cour et le régent lui dit : « Vous avez, Monsieur, si bien répondu à la confiance » du feu roi dans l'emploi qu'il vous avait confié auprès » des enfants de France, que vous ne pouvez vous refuser » à être au même titre auprès de la personne du roi ; je » vous ai nommé sous-précepteur de Louis XV (2). » Villement avait soixante-deux ans : doit-on tenter à cet âge les fonctions difficiles d'instituteur de roi en bas-âge ? D'autres eussent hésité : Villement n'hésita pas ; il révérait la mémoire de Louis le Grand, il n'ignorait pas ses désirs sur un point aussi délicat. La dernière recommandation d'un roi mourant, cette première preuve d'estime du régent, étaient pour lui un ordre et comme la manifestation de la volonté divine, il accepta donc et se remit simplement et de bon cœur à cette nouvelle vie et à ses nouveaux devoirs (25 avril 1716).

Le duc d'Orléans, doué de facultés brillantes pour lesquelles la littérature, les arts, les sciences, la politique, la

(1) On lit dans la *Gazette de France*, N° 17, à la date du 25 avril 1716, page 204 : « Le sieur Villement cy-devant lecteur des enfants » de France et ancien recteur de l'Université de Paris, a été » nommé sous-précepteur du Roy. »

(2) André Hercule de Fleury, né en 1653, aumônier de Louis XIV, évêque de Fréjus en 1698, fut nommé au même moment précepteur de Louis XV, auprès duquel il eut toujours grand crédit. Cardinal en 1726, il eut dès lors la direction des affaires jusqu'à sa mort en 1743. Honnête, désintéressé, sans faste, il avait les qualités de l'homme privé, plutôt que les talents du ministre. Ses négociations nous donnèrent la Lorraine à la mort du roi Stanislas.

guerre n'étaient qu'un jeu, et se livrant malgré ses désordres à son penchant pour ces nobles occupations, savait bien juger des hommes et récompenser les vrais talents. Le mérite de Vittement lui imposait; l'Académie française désirait admettre le sous-précepteur parmi ses membres. Le prince et l'Académie s'entendirent : il leur semblait que c'était l'honneur du grand siècle et la gloire des lettres, de faire asseoir Vittement sur un de ces sièges déjà tant de fois illustrés. Ce fut un vrai complot; le régent le sonda adroitement, mais le régent et l'Académie échouèrent devant l'humilité de l'abbé. Il trouva mille moyens et autant de motifs d'éluder cette éclatante distinction. On savait bien qu'il n'aimait pas plus les dignités que les richesses ; mais chaque refus ajoutait encore, s'il était possible, une splendeur nouvelle à toutes les vertus de cet homme incomparable (1).

Louis XV était singulièrement attaché au sous-précepteur. Les belles âmes ne vieillissent pas : l'esprit sait sur l'hiver des ans semer les fleurs du printemps de l'âge. Ainsi faisait Vittement, toujours de belle mine, gai, spirituel, doux, affable. Ces qualités déguisaient au jeune roi les rides de la vieillesse, et la lui rendaient plus aimable. Vittement pouvait dire à ceux qui le voyaient égayer l'enfance de son roi, comme Henri IV aux ambassadeurs : « Si vous avez des enfants, ne faites-vous pas pour eux ce » que je fais pour mon élève et maître. »

« Les brevets du roi, dit Duclos (2), se donnaient sans » mesure et sans choix. Parmi tant de grâces prodiguées » ou prostituées, le régent rendit justice au mérite de » Vittement, en le nommant sous-précepteur du roi. Une

(1) Il refusa une place à l'Académie française, dit Moréri. — V. Feller, art. Vittement.

(2) Mémoires secrets, Collect. Poujoulat, tome 34, pages 507-508.

» harangue qu'il avait faite à la tête de l'Université dont il
» était recteur, l'avait fait connaître de Louis XIV qui le
» nomma lecteur du dauphin. A peine eut-il commencé
» les fonctions de sous-précepteur, que le jeune roi parut
» s'y attacher. Le régent qui le remarqua et qui pendant
» son administration s'étudia toujours à donner l'exemple
» du respect pour le roi et à chercher ce qui pouvait lui
» plaire, voulut lui procurer le plaisir de faire une grâce
» à Vittement. Il apporta un jour au roi le brevet d'une
» abbaye de 15,000 livres de rente en faveur de Vittement.
» L'enfant, charmé de faire lui-même cet acte de maître,
» fit venir Vittement et, en présence du régent, du maré-
» chal de Villeroy et de l'évêque de Fréjus, lui donna le
» brevet en le nommant par le titre de l'abbaye. Vittement
» ne comprenant pas d'abord pourquoi le roi lui donnait
» un nouveau nom, le régent prit la parole et lui expliqua
» la grâce que le roi lui faisait. Vittement se confondit en
» remerciements, et dit qu'il était comblé de bienfaits du
» roi, que sa fortune était au-delà de ses désirs et que,
» n'ayant point de parents dans le besoin (1), il ne saurait
» à quoi employer l'augmentation de ses revenus. — Vous
» en ferez des charités, lui dit l'évêque de Fréjus. — Et
» pourquoi, répondit Vittement, recevoir l'aumône pour la
» faire? D'ailleurs, je ne suis pas à portée, à la cour, de
» connaître ceux qu'il faudrait secourir; un curé s'en
» acquittera mieux que moi. — Le régent, Villeroy et
» l'évêque, peu accoutumés à un tel langage, regardèrent
» d'abord Vittement comme un habile hypocrite, et le
» pressèrent en souriant d'accepter, mais le refus était

(1) Vittement raisonnait pour ses parents comme pour lui-
même : les sachant logés et en état de vivre convenablement de
leur travail, il les trouvait suffisamment riches, et ne voulait pas
les sortir de leur condition. Il avait du reste pourvu à l'éducation
de ses neveux et de ses cousins.

» très sérieux et rien ne put vaincre sa résistance. Il fallut
» chercher pour cette abbaye un personnage moins étrange
» et il ne fut pas difficile à trouver. Le modeste Vittement
» ne s'occupa à la cour que de son emploi, et lorsque ses
» fonctions furent finies, il se retira à la Doctrine chré-
» tienne. Je n'ai pas dû laisser dans l'oubli le nom d'un
» homme si vertueux ; je n'aurai pas assez d'anecdotes
» pareilles pour fatiguer le lecteur. »

Ecoutons maintenant Saint-Simon racontant le même
fait : « On a parlé ailleurs, dit-il (1), de l'abbé Vittement,
» que son seul mérite fit sous-précepteur du roi, chose
» bien rare à la cour et sans qu'il y pensât, ni personne
» pour lui. Il y vécut en solitaire et s'y fit généralement
» aimer et fort estimer. Il vaqua en ce temps-ci une
» abbaye de 12,000 livres de rente (2). M. le duc d'Orléans
» proposa au roi de la lui donner et de le lui apprendre
» lui-même. Le roi en fut ravi, l'envoya chercher sur-le-
» champ et le lui dit. Vittement lui témoigna toute sa
» reconnaissance, et le supplia avec modestie de le dis-
» penser de l'accepter. Il fut pressé par le roi, par le
» régent, par le maréchal de Villeroy qui était présent. Il
» répondit qu'il avait suffisamment de quoi vivre. Le
» maréchal insista et lui dit qu'il en ferait des aumônes.
» Vittement répondit humblement que ce n'était pas la

(1) Mémoires, tome XI, Hachette, pages 123-124.

(2) Moréri, d'après Coffin, nomme l'abbaye de Montmorel; elle
était au diocèse d'Avranches, appartenant à l'ordre de Saint-
Augustin; son revenu était évalué à 8,000 livres (Mig. Géogr.
sacrée, tome I, p. 711). Saint-Simon n'est pas d'accord avec Duclos
sur le chiffre; mais l'écart est bien important pour que cette
abbaye ait été celle de Montmorel. Le récit de Saint-Simon est plus
sobre, mais il nous semble que celui de Duclos lui est supérieur :
c'est un petit drame et on est ému comme si on y assistait.

» peine de recevoir la charité pour la faire, tint bon et se
» retira. »

Dans ces dernières fonctions, Vittement usait de son
ascendant sur le cœur du roi, et redoublait de soins pour
lui inspirer les principes de la religion, des mœurs, de la
justice, et Louis XV, qu'un entourage léger et efféminé
poussa dans sa jeunesse à des écarts si communs dans le
monde mais indignes d'un souverain, fut sans doute
souvent arrêté, ou du moins sentit le remords, en voyant
son vénérable sous-précepteur ou en pensant à lui. Un
ami de Vittement racontait que Louis XV disait un jour à
l'abbé : « Vous avez trop ménagé votre élève, il aurait dû
» apprendre à écrire aussi bien que vous le faites. »

« Lors de la majorité du roi, dit Moréri, Sa Majesté,
» voulant pour l'honneur de sa couronne et pour celui de
» son sous-précepteur, reconnaître et récompenser les
» bons services qu'il en avait reçus pour son éducation,
» employa son autorité pour lui faire accepter un béné-
» fice. »

Le duc d'Orléans, devenu principal ministre d'Etat,
consulté, faisait observer au roi que Vittement ne recevrait
pas plus de lui qu'il ne l'avait fait de Louis XIV et de
Philippe V, et qu'il doutait qu'il fut moins désintéressé
dans sa vieillesse. Louis XV essaya donc un jour (1) de
vaincre Vittement et de le reconcilier avec les honneurs et
la fortune; il lui offrit évêchés, pensions, abbayes. « Vit-
» tement découvrit pour lors le vœu qu'il avait fait dans
» sa jeunesse, que tant que la Providence lui fournirait de
» quoi subsister en pauvre prêtre, il ne jouirait d'aucun

(1) D'après Coffin, c'était au moment de quitter la cour, ses fonctions finies ; d'après l'abbé Robert, c'était après son départ en 1728,
et la première fois depuis sa retraite qu'il venait présenter ses
hommages au roi. C'est toujours à la même occasion et presque au
même moment.

» bénéfice de l'Eglise (1). » « Daignez, Sire, ajouta-t-il,
» me continuer ma pension de lecteur que je tiens des
» faveurs de Louis XIV. — Mais, reprit le prince, je vous
» dois moi-même pour ma personne, et je suis roi ! — Sire,
» vos bienfaits et ceux de vos augustes parents m'ont
» donné de quoi vivre et de quoi faire du bien à mes
» amis (c'étaient les pauvres). » Ce que Vittement appelle
ici les bienfaits du roi, c'est sa pension de 10,000 livres
dont il jouissait et qu'il ne voulut jamais cumuler avec
une autre qui lui était due et qui lui fut offerte quand il
quitta Louis XV.

Saint-Simon, à qui rien n'échappe des dessous de la vie,
qui médit volontiers et dénigre avec une désinvolture de
grand seigneur, nous donne ainsi son appréciation sur le
sous-préceptorat de Vittement : « Cette action qui a si
» peu d'exemples et faite avec tant de simplicité, fit grand
» bruit et augmenta l'estime et le respect même que sa
» vertu lui avait acquis. Mais elle incommoda M. de Fréjus
» qui voyait croître l'affection du roi pour Vittement. Dès
» que celui-ci s'en aperçut, il compta sa vocation finie,
» d'autant plus que s'il avait su se faire aimer et goûter,
» il n'en espérait rien pour le but qu'il avait uniquement
» en vue. Bientôt après, M. de Fréjus, qui s'inquiétait de
» lui, lui conseilla doucement la retraite. Il la fit sur-le-
» champ avec joie à la Doctrine chrétienne, d'où il ne
» sortit plus, et où il ne voulut presque recevoir personne (2). »

(1) Nous avons dit ailleurs qu'il reçut un bénéfice de l'abbé de
Louvois; c'était alors sans doute son premier et unique moyen de
vivre; il s'en démit bientôt et, dans son testament, légua à la
paroisse de son ancien bénéfice (Saint-Etienne de la Breille au
diocèse d'Angers) 1,000 livres en restitution de ce qu'il avait pu en
recevoir du temps qu'il en était prieur. (Archives de Dormans.)

(2) Mémoires, *ibid, loco citato.*

Villement, d'après les ordres du roi, dit Moréri, pouvait rester auprès de sa personne dans les mêmes appartements qu'il occupait à Versailles; mais il quitta la cour de lui-même, à la majorité de son élève en 1723, et courut reprendre la solitude qu'il s'était déjà choisie en 1711, « au » fond du jardin des religieux de la doctrine chrétienne » sur les fossés des faubourgs Saint-Marcel et Saint-» Victor. » Il avait soixante-huit ans.

Quel homme et quel caractère que Villement, pour s'être conservé toujours le même à la cour du régent comme à celle de Louis XIV! Dans un pareil milieu, obtenir le respect et la considération de tous; à cette époque de cabales et d'intrigues, dans cette mêlée de convoitises rivales, littéraires, politiques ou religieuses, demeurer en dehors des partis, bien plus, n'être revendiqué par aucun, c'était une situation difficile, unique, alors que l'appui de son nom et de son influence eut été une bonne fortune. Villement par sa grandeur d'âme sut rester maître de lui-même, inaccessible à l'ambition comme aux flatteries et à l'exemple du mal, ne perdant pas de vue sa naissance humble et pauvre et s'en faisant une défense contre les autres et contre lui-même. Avec des vertus si modestes et si douces, Villement pouvait-il avoir des envieux et des ennemis? On doit même s'étonner qu'elles aient été remarquées à une époque où elles comptaient si peu dans l'opinion du monde et pour la faveur du public; il fallait que leur éclat fut bien vif et leur parfum bien pur, pour que Villement, homme sans naissance et sans nom, attirât l'attention des historiens du grand siècle. Sans doute, il faisait contraste, et c'est ce qui rend encore aujourd'hui sa figure si noble et si sympathique. S'il avait cherché et obtenu les dignités et la fortune, il eût été perdu dans la foule des vulgaires courtisans; mais, véritable héros du désintéressement et de l'humilité, il obtient une place à part. Ce n'était pas chez lui paresse ou stoïcisme orgueilleux, c'était esprit chrétien et véritable supériorité morale. Être riche, superbe, ambitionner les honneurs et les hauts emplois, c'est chose facile et commune en ce monde ; mais cacher ses talents et ses vertus, résister à l'épreuve des grandeurs, être parti de rien, pouvoir être tout et ne vouloir être rien, c'est véritablement sublime !

CHAPITRE III.

« On a de Vittement, dit Saint-Simon (1), une prophétie
» aussi célèbre que surprenante, dont on a vainement
» cherché la clef et que Bidault m'a contée (2). Bidault
» était un des valets de chambre que le duc de Beauvil-
» liers avait choisis pour mettre auprès de Mgr le duc de
» Bourgogne. Il avait de l'esprit, des lettres, du sens,
» encore plus de vraie et solide piété. Son mérite joint à
» une grande et respectueuse modestie, l'avait distingué
» dans son état. M. de Beauvilliers l'aimait et Mgr le duc
» de Bourgogne avait beaucoup de bonté pour lui. Il avait
» le soin de ses livres; cela me l'avait fait connaître, et
» encore plus familièrement depuis le soin dont il voulut
» bien se charger des affaires que la Trappe pouvait avoir
» à Paris. On le mit auprès du roi dès son enfance, et
» quand il commença à avoir quelques livres, il en fut
» chargé. Cela lui donna du rapport avec Vittement.
» Bidault venait chez moi quelquefois et voyait Vittement
» dans sa retraite. Effrayé des premiers rayons de la

---

(1) Mémoires, *loco citato.*

(2) Auguste-François Bidault, *écuyer valet de chambre ordinaire du roi et de l'éducation de Sa Majesté,* fut nommé par Vittement son exécuteur testamentaire, par codicille du 19 juillet 1729.

» toute-puissance de Fréjus devenu tout nouvellement
» cardinal (1726), il en parla à Vittement qui sans surprise
» aucune le laissa dire. Bidault, étonné du froid tranquille
» et silencieux dont il était écouté, pressa Vittement de
» lui en dire la cause. « Sa toute-puissance, répondit-il
» tranquillement, durera autant que sa vie, et son règne
» sera sans mesure et sans trouble. Il a su lier le roi par
» des liens si forts que le roi ne les peut jamais rompre.
» Ce que je vous dis là, c'est que je le sais bien. Je ne
» puis vous en dire davantage; mais si le cardinal meurt
» avant moi, je vous expliquerai ce que je ne puis faire
» pendant sa vie. » Bidault me le conta quelques jours
» après, et j'ai su depuis que Vittement avait parlé en
» mêmes termes à d'autres. Malheureusement il est mort
» avant le cardinal et a emporté ce curieux secret avec
» lui. La suite n'a que trop montré combien Vittement
» avait dit vrai. »

Voici maintenant sur ce même mystère ce que raconte
dans ses mémoires le marquis d'Argenson (1) : « Janvier
» 1740. Pecquet ne croit pas que Bachelier soit encore
» assez fort pour faire chasser le cardinal, quelque chose
» qu'il arrive, quelques mauvais succès qu'aient les
» affaires, quand même la famine assiégerait Versailles,
» quand même l'Eminence radoterait jusqu'à faire courir
» les enfants après elle, comme elle commence déjà à s'y
» bien prendre. Il dit qu'il y a eu quelques tracasseries

(1) Société de l'Histoire de France : Journal et mémoires du
marquis d'Argenson, publiés par Rathery, Paris, Vᵉ J. Renouard,
rue de Tournon, 1860, Tome ii, pages 409-410.

Pecquet était un premier commis quelconque, assez distingué,
au-dessus du commun et ayant certaines relations avec des personnages de la cour. Bachelier est présenté comme un rival du
vieux cardinal et pas mal détesté de beaucoup de gens, au dire de
d'Argenson, qui ne l'aime guère.

» l'an passé entre le roi et le cardinal, mais que le traité a
» été que le cardinal ne se mêlerait de rien au monde de
» ce qui regardait le petit intérieur et les plaisirs du roi,
» à condition que le roi laisserait le cardinal conduire les
» affaires du royaume tout comme il voudrait jusqu'à la
» fin. Il prétend savoir une anecdote fort singulière que
» voici : L'abbé Vittement, dit-il, qui s'était mêlé de
» l'éducation du roi, savait un secret qu'il ne devait révé-
» ler qu'après la mort du cardinal, mais comme il est
» mort avant, ce secret a été inhumé avec lui. C'était un
» engagement, une obligation, un service d'une telle
» nature entre le roi et le cardinal, par où Son Eminence
» tenait Sa Majesté de telle sorte que le roi ne pouvait
» jamais se dégager de ses liens. Imaginez ce que ce peut
» être : l'avoir sauvé du poison, supposition de personnes,
» tout ce qu'il vous plaira, mais sottises que tout cela. »

« Jamais depuis sa retraite, continue Saint-Simon,
» Vittement n'a songé à voir le roi, ni à visiter personne.
» Il a vécu dans la Doctrine chrétienne, dans la pénitence
» et dans la médiocrité la plus frugale, dans une sépara-
» tion entière, dans une préparation continuelle à une
» meilleure vie, et il y est saintement mort au bout de
» quelques années. Le maréchal de Villeroy l'allait voir
» quelquefois malgré lui, et en revenait toujours charmé,
» quoi qu'il y trouvât souvent des morales courtes mais
» bien placées, que peut-être il n'y cherchait pas. »

Saint-Simon est dans l'erreur, quand il fait mourir
Vittement à la Doctrine chrétienne : il est mort à Dormans.
Il se trompe également à notre avis quand il dit que
depuis sa retraite Vittement n'a jamais songé à voir le roi
ni à visiter personne; il y a là exagération évidente, au
sens absolu des mots : une telle mort anticipée n'était pas
dans son tempérament affectueux et dévoué.

L'abbé Robert, d'après le témoignage des Dormanistes

contemporains ou boursiers de Dormans-Beauvais, nous semble plus dans le vrai. Chez les Pères de la doctrine chrétienne, Vittement recevait la visite de ses jeunes compatriotes boursiers du collège de Dormans-Beauvais, et de leurs supérieurs qui étaient ses amis. Il avait établi que le premier jour des vacances, avant de partir pour Dormans, tous les enfants de ce lieu iraient prendre un repas chez lui; il leur donnait après déjeuner à chacun cent sous pour leurs frais de voyage jusqu'à la ferme de Paris (1), qui appartenait au collège, et où les écoliers étaient hébergés en passant. Tant qu'il vécut, les parents pauvres des Dormanistes étudiants à Paris n'eurent rien à dépenser pour leur entretien, il y pourvoyait (2).

Vittement se faisait un devoir d'obliger les membres de sa famille qui étaient dans le besoin, non-seulement par des secours momentanés, mais par des subventions périodiques qu'il leur faisait servir par son intermédiaire naturel, le curé de Dormans. Nous avons retrouvé et nous publions à la suite de son testament, un mémoire de ce que ce dernier « a tiré pour M. l'abbé Vittement depuis le

(1) C'était un relai de poste; aujourd'hui c'est encore une ferme aux environs de Château-Thierry.

(2) A cette époque, chaque boursier externe et pensionnaire versait une petite somme en entrant. D'après la fondation de 1370, le principal recevait 8 sous parisis par semaine, le procureur 7, le sous-maître 6, les élèves boursiers 4; il y avait de plus un serviteur boursier pour les élèves, qui, outre son boire et son manger, touchait 2 sous parisis par semaine pour son entretien. Vers 1680, chaque boursier touchait annuellement 170 livres; le principal 450, le sous-maître 325, le procureur 150, le régent de rhétorique 150, les chapelains 250. Il y avait de plus dans l'année, aux maîtres et aux élèves, des distributions d'argent, de sel et de bois. Vittement améliora ces situations par son testament. En multipliant ces sommes par cinq, on peut se rendre compte de leur valeur actuelle.

» 9 octobre 1711 jusqu'au mois de novembre non compris
» 1719, et par son ordre. » Chaque année, Marie Vittement, sa cousine germaine, veuve, reçoit 72 livres, et de
plus il paie sa taille et sa capitation, les droits seigneuriaux pour sa maison et son chauffage. Et nous pouvons
croire que Vittement fut ainsi la providence des siens,
depuis le jour où il posséda quelque argent jusqu'à sa
mort. Jean Pinot, qui fut curé de Dormans en 1696, démis-
sionna en 1718 et mourut en 1739, commence son
mémoire par ces mots : « Pour régler avec M. l'abbé
» Vittement depuis notre dernier compte........ le
» huitième jour du mois d'octobre 1707, nous avons
» compté, M. Vittement et moi, et nous sommes demeurés
» quittes. » En 1715, Marie Vittement étant morte, il
continua à ses deux filles, Claire et Marie Clouet, qui habitaient Dormans, la même pension de 72 livres dont elles
jouirent jusqu'à leur mort. C'était la dépense ordinaire; le
même mémoire énumère « les articles extraordinaires de
» ce que j'ai tiré pour M. l'abbé Vittement, à commencer
» dès le temps qu'il était ici dans son dernier voyage, et
» par son ordre. » Ce sont des aumônes, des gratifications
à des domestiques, à la sœur Anne Moutonnier qui tient
l'école. L'arrêté de ce mémoire a été écrit à Paris et signé
de la main de Vittement le 16 janvier 1720 (1). Il faut lire
cette pièce, la seule qui ait été conservée, il faut parcourir
en entier son testament et ses codicilles, avec leurs nombreux legs, tous de charité, et la création au collège de

(1) (Archives de Dormans). C'est là tout ce qui nous soit resté de
l'écriture de Vittement. Dans sa signature, les caractères sont nets,
très allongés et sans fantaisie ni écart dans la forme. Quelques
lettres de Vittement ont-elles survécu ? Nous n'avons pu en découvrir une seule, ni originale, ni copiée ; aux Archives nationales,
nous n'avons trouvé aucune donnée sur ce point, et s'il existe des
lettres, elles sont dispersées dans des dossiers inconnus.

Dormans-Beauvais de la grande bourse de théologie qui porta son nom, et l'établissement de l'école gratuite de filles à Dormans, et ses fondations pieuses pour le repos des âmes de ses parents et de la sienne : c'est dans ces documents que l'on saisira sur le vif la vraie et belle nature de Vittement, son humilité, sa piété, son détachement des richesses, son cœur si délicat et si attentif à l'égard de tous, de sa famille, de ses domestiques, de ses amis.

Vittement assistait ses parents peu aisés; mais les secours qu'il leur donnait avaient pour but de leur faciliter l'exercice de leur profession, et non de les faire vivre sans travailler : il aurait craint par là de frustrer d'autres pauvres plus nécessiteux.

Deux jeunes couturières de Dormans, ses cousines (1), désiraient s'en faire connaître : elles en espéraient sans doute de grandes largesses. Un jour, elles prennent à Dormans la voiture publique et arrivent à Paris; elles avaient fait pour s'habiller des dépenses au-dessus de leur condition, ne voulant pas, par une mise trop simple, faire rougir un parent aussi élevé en dignité. L'abbé les reçut cordialement et en bon cousin. Après quelque temps de séjour, elles se disposent à retourner à Dormans et prennent congé de Vittement qui leur dit : « Mes cousines, je craindrais de vous faire affront et de » vous humilier en vous offrant de l'argent; votre toilette » et vos manières m'assurent que vous êtes au-dessus du » besoin, et je ne donne qu'aux indigents. Mais permettez » que je vous indemnise au moins de vos frais de route et » acceptez de moi quelque souvenir. » Ces jeunes imprudentes, de retour à Dormans, racontèrent la leçon; on rit beaucoup de leur mésaventure.

(1) Marie et Jeanne Clouet, ses cousines issues de germaines.

Vittement aurait pu leur faire obtenir, si elles eussent eu des goûts plus modestes, des établissements sortables et les aider dans leur profession; mais il ne voulait pas tromper de bons artisans, en leur procurant des épouses amies du luxe et de la dépense.

Du côté de son oncle Marin, l'abbé eut deux cousins issus de germains, François qui mourut vicaire de Troissy en 1720, âgé de vingt-huit ans, et Pierre que nous voyons successivement vicaire de Damery en 1714, de Dormans en 1716 et enfin curé de ce lieu en 1718. Vittement les aida dans leurs études à Paris, mais pour ce dernier, auquel il avait d'ailleurs constitué un titre clérical de 2,700 livres au capital, il ne lui fit pas obtenir de bénéfice et ne voulut jamais intervenir dans sa destinée; peut-être lui trouvait-il, comme tous ceux qui l'ont connu, trop de singularité et pas assez de maturité. Mais, aux yeux de Vittement, ces défauts n'étaient pas nécessaires pour l'empêcher de se faire solliciteur au profit de son cousin; celui-ci en eût-il été exempt, Vittement eût observé la même règle de conduite. Aussi ne fut-ce pas à son oncle que Pierre dut son avancement. Jean-Joseph Languet de Gergy, évêque de Soissons (de 1714 à 1730), ayant connu Vittement alors qu'il était aumônier de Mme la Dauphine et avant que l'abbé fût lecteur des enfants de cette princesse, avait cru lui être agréable en nommant son cousin à la cure de Dormans. Et quatre ans après, François de Fitz-James qui devint évêque de Soissons en 1738, mais qui alors voyait à la cour et appréciait le sous-précepteur, agissant dans le même sentiment, fit passer Pierre Vittement de Dormans à Attichy, bénéfice plus riche que le premier. L'abbé dut laisser faire. Lui qui avait peur des richesses quand il s'agissait de sa personne, craignait jusqu'à l'apparence du népotisme, alors surtout que les siens ne manquaient de rien et étaient déjà suffisamment pourvus. Nous verrons dans son

6

testament sa manière de voir à cet égard et les dons qu'il fait à chacun de ses parents les moins riches; les autres sont oubliés à dessein. Il ne regardait pas sa fortune comme un héritage patrimonial auquel ils avaient droit : ses vrais héritiers, c'étaient les pauvres, c'était le collège de Dormans-Beauvais, c'était sa patrie. Voilà pourquoi il n'y est pas fait mention de sa sœur, ni de ses enfants; l'abbé Robert nous dit que leur situation était prospère, comme on a pu s'en convaincre au tableau de famille.

On appelait à Paris, de son vivant même, cet homme de bien, le grand Vittement : il était de haute taille, dit naïvement l'abbé Robert; mais seul de son nom dans les sciences et avec une réputation établie, ce titre ne lui fut pas donné pour le distinguer d'un autre. On était accoutumé, dans ce véritable siècle des lumières, à qualifier ainsi les hommes qui l'illustrèrent : Louis le Grand, le grand Dauphin, le grand Colbert, le grand Turenne, le grand Condé, le grand Corneille. Vittement faisait une ombre bien marquée dans ce tableau où figuraient en cour tant de sujets du plus haut mérite, mais qui n'avaient pas regardé du même œil que lui la fortune et ses pompes.

« Vittement passait les dernières années de sa vie dans
» les exercices de la piété la plus exemplaire, accablé
» d'infirmités qu'il souffrait avec une constance et une
» résignation admirables. Ses forces diminuant plus par
» les austérités de sa pénitence que par ses années, il crut
» que l'air de Dormans sa patrie pourrait le rétablir en
» quelque chose; il y alla malgré ses amis et contre le
» sentiment des médecins qui l'assuraient qu'il y mourrait.
» Il ne répondit autre chose si ce n'est qu'il ne souhaitait
» rien tant que de mourir et d'être enterré auprès de ses
» pauvres parents (1). »

(1) Moréri, article Vittement.

D'ailleurs, il avait toujours dit qu'il ne mourrait pas sans avoir revu encore une fois son pays natal; son dernier voyage à Dormans datait, croyons-nous de 1711. Avant de partir, il fit à Paris, ou plutôt il renouvela ses dispositions testamentaires et les confirma par un dernier codicille du 15 février 1729. Arrivé à Dormans, il descendit en la maison qu'il avait acquise pour y établir une école gratuite de filles (1). Bientôt il tomba malade et fit ses dernières dispositions en faveur des pauvres de la paroisse. Le mal empirait et toutes les personnes notables de la ville et des environs le venaient visiter sur son lit de souffrance; les pauvres surtout ne l'abandonnaient pas. Le pieux malade sentant sa fin approcher, reçut les derniers sacrements, entouré de ses compatriotes et des nombreuses personnes qu'il avait constamment obligées. Calme et résigné, en face de l'agonie qu'il sentait venir, il se fit apporter tout ce qu'il n'avait pas encore eu le temps de donner, et distribua lui-même aux indigents tout ce qui lui restait. Dans la crainte que l'affection ne lui fît des obsèques trop éclatantes, il manda les principaux de la ville, il leur dit ses volontés, il leur défendit même de l'inhumer autrement que les plus pauvres du lieu. Ce fut ainsi qu'il expira pauvre à l'ombre du clocher qui l'avait vu naître, le 31 août 1731 ; il était dans sa soixante-dix-septième année.

(1) Vittement était encore à Paris le 17 octobre 1730; il ne le quitta qu'après l'hiver, et on voit qu'il passa à peine quelques semaines de la bonne saison à Dormans pour y mourir bientôt. Cette maison, où il mourut, existe encore telle qu'elle était il y a un siècle et demi, avec son sous-sol et son perron en pierre; elle touche presque à l'angle sud du grand portail de l'église, dont elle n'est séparée que par une étroite ruelle. L'abbé Robert désigne formellement cette maison comme étant celle où mourut Vittement; elle devint plus tard l'école de filles avec l'habitation des sœurs.

En lui, la religion perdait un de ses ornements, les sciences perdaient un ami distingué, les pauvres un bienfaiteur ; Dormans pleurait un de ses enfants, son plus légitime orgueil, et la France voyait disparaître un de ses plus nobles citoyens. Le grand Vittement, l'exemple des élèves et des maîtres, la gloire du collège de Dormans-Beauvais, l'honneur de l'Université de Paris, le modèle des hommes de cour, le héros de toutes les vertus religieuses et morales, l'instituteur de deux grands rois vivants, l'ami de tous les grands, de tous les savants et de Louis XIV lui-même, un des hommes les plus remarquables, les plus pieux, les plus désintéressés et les plus indépendants de son siècle, Jean Vittement venait d'expirer. La cour, la capitale, les corps savants, les pauvres de Paris, ceux de Dormans honorèrent son trépas ; l'Université de Paris s'empressa de faire célébrer aux Mathurins (1) un service funèbre, pendant que sa ville natale préparait les funérailles les plus pompeuses à ses restes vénérés.

Les princes qui habitaient Dormans, les seigneurs du voisinage, les ecclésiastiques nés à Dormans, les étudiants au collège de Dormans-Beauvais, ceux du collège de la ville, la population de Dormans et de tous les alentours, tuos dans le plus morne chagrin formaient le cortège funèbre.

Quatre ecclésiastiques portaient la dépouille mortelle de leur ami, quatre autres tenaient les coins du drap mor-

(1) Les Trinitaires ou Mathurins furent fondés en 1198 par saint Jean de Matha et saint Félix de Valois pour la délivrance des chrétiens captifs chez les infidèles. Ce nom de Mathurins leur vient de ce que les Trinitaires établirent en 1228 une maison à Paris dans une ancienne aumônerie de Saint-Benoit dédiée à saint Mathurin, sur une partie de l'emplacement des Thermes de Julien (rue des Mathurins-Saint-Jacques et boulevards Saint-Germain et Saint-Michel).

tuaire; le silence de l'abattement n'était rompu que par les chants lugubres et mal articulés de céux qui pouvaient donner leur voix. On avait reçu les dernières volontés de Vittement, on les oublia quand il ne fut plus : l'inhumation se fit avec toute la solennité et toute la magnificence que permettait la localité. Son corps fut déposé à l'entrée du sanctuaire, en face du grand autel de l'église de Dormans, entre les deux piliers du clocher.

« Le 31 août 1731, lisons-nous dans les registres
» paroissiaux, est décédé Messire Jean Vittement,
» prêtre, ancien recteur de l'Université, lecteur des
» enfants de France, ci-devant sous-précepteur du roi
» Louis XV, âgé de soixante-dix-sept ans, après avoir reçu
» les saints sacrements de l'Eglise d'une manière très
» édifiante, et avoir donné des preuves très éclatantes
» pendant le cours de sa vie de la plus solide piété. Son
» corps a été le lendemain inhumé, du consentement de
» Son Altesse Mgr le prince de Ligne, marquis de Dor-
» mans (1), au milieu du chœur de cette église dont il
» était le bienfaiteur, où nous l'avons conduit avec les
» cérémonies convenables au mérite et au rang du véné-
» rable défunt, en présence de MM. les curés de Troissy,
» de Verneuil, de Reuilly, de Festigny, de Courthiézy, de
» Châtillon, d'Attichy et de Varennes, qui ont signé avec

(1) Claude-Lamoral-Hyacinthe-Ferdinand, prince de Ligne et du Saint-Empire, marquis de Dormans, baron de Tréloup, vicomte de Vincelles et de Soilly, seigneur de Chassins, Vassy, Vassieux, Chavenay, Champayé et autres lieux, fut inhumé dans la chapelle de la Sainte-Vierge de Dormans, le vendredi 5 septembre 1755, à l'âge de 72 ans; il était de la branche cadette de la maison de Lorraine, et petit-fils, par sa mère, du comte de Broglie et de Anne-Elisabeth d'Aumont, inhumés dans le même caveau en 1716. Son père, le prince de Ligne de Mouy y fut également déposé en 1724.

» nous, et en présence aussi de plusieurs autres ecclésias-
» tiques, officiers de justice et autres de la ville (1).

> » Manscourt, curé (2) ; Pinot, ancien
> » curé de Dormans ; Richard, curé de
> » Troissy, doyen de Châtillon ; Serve-
> » nay, curé de Verneuil-le-Haut ;
> » Vittement ; Vittement ; Jarot,
> » curé de Châtillon ; N. Domino, curé
> » de Festigny ; Massé, principal de
> » Dormans ; Massé, vicaire de Dor-
> » mans ; Tirat, curé de Courthiézy. »

Cependant la ville obéissait en quelque chose aux vœux de l'humble défunt ; sur la tombe de cet homme que son nom seul recommandait, on posait ces simples mots gravés sur un pavé en losange et de pierre de liais : « Ci-gist » Jehan Vittement, mort le 31 août 1731. » Mais l'amitié et les lettres travaillaient à Paris à l'éloge funèbre de Vittement ; Dormans recevait bientôt un monument plus digne et plus complet, où la matière, l'ornementation et le style rivalisaient de splendeur ; c'était un marbre noir encadré de marbre jaspé, et portant gravée en lettres d'or l'épitaphe composée par le célèbre Coffin. Ce chef-d'œuvre fut adossé et scellé, à six pieds du pavé, au pilier à droite du sanctuaire et regardant la sépulture de Vittement ; l'inauguration s'en fit après un service solennel, et le principal du collège de Dormans (3), qui déjà avait prononcé l'oraison funèbre au jour de l'inhumation, la renouvela à cette cérémonie de la quarantaine.

(1) Acte de décès. (Registres paroissiaux. — Archives de Dormans). L'abbé Robert n'en eut pas connaissance, son récit n'en est pas moins exact.

(2) Dormans n'était pas encore chef-lieu de doyenné ; il le fut en 1762, après avoir été démembré de Châtillon.

(3) C'était Louis Massé, qui le fut de 1729 à 1756.

D. O. M.

HIC JACET
VIR OMNI VIRTUTUM AC DOCTRINÆ GENERE EXCELLENS
JOANNES VITTEMENT, PRÆSBYTER SUESSIONENSIS
DORMANI OBSCURO LOCO NATUS.
GENERIS HUMILITATEM INGENTI SPLENDORE ILLUSTRAVIT.
TRANSLATUS STATIM A PUERO PARISIOS
IN COLLEGIO DORMANO BELLOVACO
ALTERAM QUASI PATRIAM NACTUS EST.
IBI INTER BURSARIOS ADSCRIPTUS,
INDUSTRIA DUCE, MAGISTRA PAUPERTATE,
STUDIIS QUAM ACRITER TAM FELICITER INCUBUIT.
MOX IBIDEM PHILOSOPHIAM DOCUIT
MAGNA CUM CELEBRITATE.
EVECTUS AD SUPREMUM UNIVERSITATIS REGIMEN
SUB FINE RECTORATUS
A MAGNIFICO MERITORUM ÆSTIMATORE
LUDOVICO MAGNO
REGIORUM NEPOTUM INSTITUTIONI LECTOR ADJUNCTUS EST :
QUO TOTO TEMPORE
QUAMVIS IN IPSA AULA AULÆ LUCEM FUGITARET
REGI TAMEN, PRINCIPIBUS, OMNIBUS AULICIS
IN AMORE ET PRETIO FUIT.
SECUTUS IN HISPANIAM ALUMNUM REGEM
PHILIPPUM QUINTUM,
EODEM POSTEA QUAMVIS INVITO, CONCEDENTE,
PRIVATOS APUD LUTETIAM LARES LÆTUS REPETIIT.
INDE POST ALIQUOT ANNOS REVOCATUS IN PALATIUM,
INSTITUENDÆ LUDOVICI XV INFANTIÆ
ADMOTUS EST PROPRÆCEPTOR.
PERFUNCTUS AUGUSTO MUNERE,
IN DESIDERATAM DIU SOLITUDINEM EVOLAVIT,
UNI DEO VACARE CERTUS.
OBLATA NON SEMEL OPIMA BENEFICIA
CONSTANTER RECUSAVIT,
OPUM SPLENDIDE CONTEMPTOR
NISI QUAS IN PAUPERES EROGARET.
DIUTURNOS MORBI ET SENECTUTIS ANGORES
LEGENDO, PRECANDO, MEDITANDO LENIIT.
ICTUS DESIDERIO REVISENDÆ PATRIÆ,
DORMANI IN GRAVIOREM MORBUM INCIDIT.
IBI QUE PARTITUS EGENIS AC PRÆSERTIM POPULARIBUS SUIS
QUAS SUPERABANT OPES,
IN AMATÆ SINU PAUPERTATIS, QUOD OPTABAT IPSE,
CONQUIEVIT,
DIE XXXI AUGUSTI, ANNO 1731, ÆTATIS 77°,
REQUIESCAT IN PACE.

Ci-gît un homme éminent en tout genre de vertus et de sciences, Jean Vittement, du diocèse de Soissons, né dans la petite ville de Dormans. Il entoura d'honneur et de gloire l'humilité de son origine. Envoyé dès l'enfance à Paris, il trouva comme une seconde patrie dans le collège de Dormans-Beauvais, où il fut inscrit au nombre des boursiers. S'inspirant de son zèle et des leçons de la pauvreté, il s'appliqua à l'étude avec autant d'ardeur que de succès. Bientôt, au même collège, il enseigna la philosophie avec grand éclat. Enfin, il fut promu à la direction suprême de l'Université.

Vers la fin de son rectorat, Louis le Grand, souverain appréciateur du vrai mérite, l'appela à prendre part comme lecteur à l'éducation des princes, ses petits-fils.

Tout le temps de sa charge, il vécut à la cour et s'appliqua à en fuir l'éclat. Cependant le roi, les princes et les grands l'aimèrent et l'eurent en grande estime.

Il suivit en Espagne son royal élève Philippe V, mais bientôt le prince lui permit, à regret, de se retirer, et il s'empressa de regagner Paris et son humble retraite.

Plusieurs années après, il fut rappelé au palais et chargé en qualité de sous-précepteur d'instruire le jeune Louis XV.

Ses augustes fonctions remplies, il retourna dans sa solitude, toujours regrettée, bien décidé à ne plus servir que Dieu seul.

De riches bénéfices lui furent plus d'une fois offerts, il les refusa constamment, méprisant généreusement tous les biens, hormis ceux qu'il pouvait donner aux pauvres. Par la lecture, la prière, la méditation, il adoucit les longues souffrances de la vieillesse et de la maladie.

Poussé par le désir de revoir sa patrie, il se rendit à Dormans et y tomba gravement malade. Après avoir distribué aux pauvres et surtout à ses compatriotes les biens qui lui restaient, il s'endormit, comme il le désirait, dans le sein de la pauvreté qu'il avait toujours aimée. Il mourut le 31 août 1731, dans sa 77e année.

Qu'il repose en paix!

L'abbé Robert se demandait pourquoi on avait indûment déplacé cette épitaphe et enlevé la pierre tumulaire lozangée qui indiquait le tombeau. Comme partout, la Révolution de 93 eut à Dormans son action sacrilège. Des mains pieuses mirent-elles à l'abri la dalle de Vittement et la plaque de marbre, pour les préserver, et prévenir ainsi l'idée d'une violation de sépulture? Ou disparurent-elles par suite de travaux de restauration des murs ou du pavage de l'église? Quoi qu'il en soit, le 5 avril 1793, après délibération municipale, les caveaux de la chapelle de la Sainte-Vierge, sépulture des seigneurs de Dormans, notamment des comtes de Broglie et des princes de Ligne, et ceux de la chapelle Saint-Nicolas, furent ouverts, les cercueils extraits, les corps dispersés, les plombs recueillis pour en faire des balles. Les tombes de Vittement et de plusieurs curés de la paroisse, inhumés dans le chœur, échappèrent-elles à cette profanation? Rien ne le prouve, mais rien n'y contredit, et nous inclinons pour l'affirmative. Un vieillard de Dormans, qui nous donna de nombreux renseignements sur les traditions de son pays avant la Révolution, M. Simon Giraud, mort en 1881 à l'âge de quatre-vingt-dix-sept ans moins quelques jours, nous racontait avec la lucidité et la netteté d'une mémoire d'enfant, qu'il était descendu, lui âgé de neuf ans, dans les fosses béantes des caveaux et sépultures vides, aux chapelles de la Sainte-Vierge et de Saint-Nicolas; mais il ne se rappelait nullement avoir vu de *trou* sous les cloches devant le sanctuaire. Ainsi l'abbé Vittement aurait dû le repos de la mort, moins à son nom peut-être déjà oublié qu'à la modestie de sa sépulture.

Toutefois l'inscription du sol a disparu; mais le marbre déplacé avait été scellé à nouveau au mur du sanctuaire au-dessus du fauteuil du célébrant. Un jour, Nicolas Laurain étant curé de Dormans (il le fut de 1822 à 1846), pendant la grand'messe, alors qu'il venait de quitter son siège pour se mettre à genoux à ces mots du *Credo : Et homo factus est*, le marbre, ébranlé peut-être par le mouvement des boiseries, se détacha et se brisa en tombant sur le fauteuil et sur le pavé. Les débris en ont été conservés et soigneusement réunis sur une large table en bois, dans un des sous-sols du presbytère; malgré la perte de quelques parcelles, la restauration en serait facile (1).

« Les espérances qu'avaient pu concevoir pour les
» lettres françaises, ceux qui applaudirent au beau dis-
» cours de 1697, écrit le P. Chapotin, Vittement ne les
» réalisa pas. Non pas que son intelligence ait subi quelque
» déchéance; les hautes fonctions qui lui furent confiées et
» le succès avec lequel il s'en acquitta sont des preuves
» manifestes du contraire. Non qu'on doive davantage
» l'accuser de s'être tenu par indifférence ou par paresse
» en dehors du mouvement littéraire, philosophique et
» religieux de son temps; il s'y intéressa vivement et
» consacra ses loisirs à approfondir dans le silence et la
» réflexion les grands problèmes qui divisaient alors les
» esprits (2). »

(1) Que M. le doyen de Dormans nous permette ici d'exprimer le vœu et l'espérance de voir bientôt l'épitaphe de Vittement replacée dans l'église; c'est une mémoire à préserver de l'oubli.

(2) P. Chapotin, *Collège de Dormans-Beauvais*, page 342. Cet auteur nous dit que « la mort de Vittement passa inaperçue dans » l'Université; on ne sait à quoi attribuer un pareil silence, sur » une pareille tombe. Les querelles du jansénisme étaient loin » d'être apaisées, l'Université n'avait point dissimulé ses ten- » dances; peut-être ne pardonnait-elle pas à Vittement son éloi- » gnement pour des nouveautés qu'il croyait pernicieuses, et la » prudente réserve qu'il avait gardée au milieu des disputes, où » tant de docteurs, et elle-même avec eux avaient été gravement » compromis. » Tout cela peut être vrai, mais on peut répondre que depuis 1698, Vittement n'appartenait plus comme membre actif à l'Université, et que mourant en 1731, la génération de ses contemporains avait disparu; d'ailleurs, il tenait encore une assez grande place pour que Coffin, tout janséniste qu'il était, composât son épitaphe, fournit son article à Moréri pour son dictionnaire, et prononçât l'éloge de Vittement, en présence de l'Université en corps, dans la chapelle de son collège. Enfin l'abbé Robert nous dit le contraire, sur le témoignage des amis survivants du grand

Dès qu'il fut libre, il s'y appliqua tout entier; sa retraite fut laborieuse, il y écrivit des *Commentaires sur toute l'Ecriture sainte* avec des réflexions morales sur chaque verset; des *Entretiens* sur diverses questions théologiques; un *Traité sur la grâce*; des *Opuscules* sur les affaires de l'Eglise et sur la constitution *Unigenitus* qu'il prouve être une loi dogmatique; une *Réfutation du système impie de Spinosa*, et quelques écrits philosophiques, notamment sur le différend entre Arnauld et le P. Malebranche (sur les vraies et sur les fausses idées, sur la nature et sur la

homme, et c'est plus vrai, malgré l'absence, aux archives, de documents affirmatifs.

« En revanche, continue le P. Chapotin, le collège de Beauvais
» réclama la dépouille de celui qui, depuis son enfance, l'avait
» honoré par ses talents, ses vertus et son fidèle amour, et qui
» avait désiré reposer dans l'église témoin des plus doux épan-
» chements de sa piété de jeune homme; sa mort fut pour ceux
» qui l'avaient connu une nouvelle occasion de se rappeler les
» plus beaux jours de sa vie de collège, son application au travail,
» à la prière, sa modestie, sa régularité.... Et pendant que son
» éloge était sur toutes les lèvres, on inscrivait avec amour son
» nom au nécrologe du collège, on creusait son sépulchre au pied
» des autels qu'il avait aimés et Coffin gravait sur sa tombe cette
» belle épitaphe qui est l'abrégé de sa vie. »

C'était en effet son désir exprimé dans son testament, mais qui ne fut pas réalisé, comme nous l'avons dit. Vittement mourant à Paris, choisissait de préférence sa sépulture au collège; c'était un peu sa patrie et sa maison, mais il préférait encore Dormans et une place dans le cimetière natal, à côté de ses parents. S'il n'en parle pas dans son testament, c'est qu'il ne savait pas mourir à Dormans, et ses dernières paroles à ses amis de Paris manifestent clairement ses intentions à ce sujet. Le collège réclama-t-il? et Dormans, possesseur de restes aussi précieux, refusa-t-il de s'en dessaisir? Le P. Chapotin n'a rien trouvé dans ce sens. Il fut donc inhumé à Dormans au pied des autels, dans l'église où il avait été baptisé et qui lui était chère aussi; et l'épitaphe de Coffin fut envoyée et posée à Dormans.

grâce), où il prétend faire voir que ces deux célèbres adversaires avaient tort l'un et l'autre (1).

Si l'on demande pourquoi le public ne put jamais lire ces ouvrages, on trouve la réponse à cette question dans l'article douze de son testament, par lequel il laisse à son cousin Pierre Vittement « généralement tous ses manus-
» crits qui, pour la plupart contenant des réflexions que
» j'ai faites pendant les dernières années de ma vie sur
» l'Ecriture sainte et particulièrement sur le nouveau Tes-
» tament, pourraient lui être utiles dans son ministère,
» qui doit être principalement la parole de Dieu; qu'il
» prenne garde seulement dans la lecture qu'il en fera,
» qu'en beaucoup d'endroits j'ai plutôt donné l'essor à
» mon esprit pour voir jusqu'où on pourrait porter cer-
» tains principes, que je n'ai prétendu dire mon sentiment
» ni celui de l'Eglise, à laquelle je soumets très sincère-
» ment et de tout mon cœur ce que j'ai jamais écrit ou
» pensé. C'est dans ces sentiments que je veux vivre et
» mourir et que je m'en vais signer le présent testa-
» ment (2). »

« Une modeste défiance de ses propres lumières lui
» avait fait fuir les hasards de la publicité et le tumulte
» des luttes qui déchiraient alors l'église de France. L'in-
» différence de son légataire, peut-être la nature même de
» ses œuvres, composées la plupart sur des questions
» dont l'engouement passa vite, ont condamné ses travaux
» à l'oubli (3). »

Nous avons parlé ailleurs de Pierre Vittement, successi-

(1) Moreri. — Feller. — L'abbé Robert.

(2) Ce testament est du 22 juillet 1715; dans son dernier codicille du 19 juillet 1729, il révoque P. Vittement, son cousin, pour exécuter ledit testament, et nomme le R. P. Chabert, de la Doctrine chrétienne, et Aug. Franç. Bidault.

(3) P. Chapotin, *Collège de Dormans-Beauvais*, page 343.

vement vicaire de Damery et de Dormans, curé de ce lieu, et quatre ans après d'Attichy, et enfin, sans quitter cette paroisse, doyen de Vic-sur-Aisne (1); nous avons dit qu'il avait beaucoup de singularité et peu de mâturité. Vittement, d'après le témoignage unanime des amis du défunt, avait confié de son vivant, à son cousin pour lors curé de Dormans, une somme d'argent considérable, au moins 30,000 livres, pour en faire un corps d'hôpital et servir aux pauvres, à établir soit dans la ville, soit au hameau de Sainte-Croix (2). Une partie devait être employée à bâtir ou à acheter une maison, le reste, avec l'assistance du bureau de charité organisé à Dormans et jouissant de certains revenus, aurait suffi à doter ce pieux établissement. Mais le curé d'Attichy eut à soutenir des procès ruineux, subit des revers et des accidents comme décimateur, et de guerre lasse abandonna son bénéfice et revint mourir à Dormans, humilié et malheureux après avoir employé à ses propres affaires l'argent déposé entre ses mains. De tels événements empoisonnèrent sa vie, anéantirent d'avance une des plus belles fondations léguées par Vittement, et détournant son esprit de l'étude et des choses intellectuelles, rendirent inutile pour lui l'héritage de ces précieux manuscrits, en même temps qu'il négligeait d'assurer la gloire posthume de son cousin par une publication choisie de ses œuvres.

Nous aurions été heureux de trouver dans les archives communales quelques-uns de ces manuscrits qui durent

(1) Le titre de doyen n'était point alors acquis au titulaire de la cure du chef-lieu, mais il pouvait passer d'une cure à une autre cure de la même circonscription.

(2) Ancienne abbaye d'hommes de l'ordre de Prémontré; les religieux du Val-Chrétien, fondé en 1134 (près Bruyères-sur-Fère), furent transférés en 1178 à Sainte-Croix, près de Dormans; c'est aujourd'hui une ferme.

suivre leur dépositaire à Dormans; l'abbé Robert en mentionne l'existence sans rien nous dire de leur sort avant ou pendant la Révolution. Peut-être furent-ils donnés à la bibliothèque du collège qui s'était enrichie de legs faits par les anciens élèves; mais cette bibliothèque elle-même a disparu, et aucun livre ou manuscrit ne porte cet *ex libris* spécial, parmi tous ceux que M. Laurain, dernier survivant de cette génération d'avant 89 et qui aurait pu en recueillir quelques épaves, a laissés à la bibliothèque du presbytère.

CHAPITRE IV.

Testament de Vittement. — Ses fondations charitables.
Ses aumônes.

———

Il nous reste encore à faire connaître le testament de
Vittement. Malgré la monotonie habituelle d'une semblable
pièce pour quiconque n'y est pas intéressé, nous n'avons
pas voulu en rien omettre, persuadé que le lecteur découvrira dans ce dernier adieu au monde que Vittement croit
devoir bientôt quitter, des motifs nouveaux d'estimer, de
vénérer et d'aimer cet homme vertueux. « On y trouve à
» la fois, dit le P. Chapotin qui n'en cite que les passages
» relatifs au collège de Dormans-Beauvais, la trace d'un
» noble esprit et d'une âme profondément religieuse, et
» le témoignage de l'oubli absolu où il vivait des gran-
» deurs, au milieu desquelles il venait de passer de longues
» années. Mais ce qui y éclate peut-être davantage, c'est
» le souvenir affectueux qu'il gardait de son cher collège
» de Dormans-Beauvais. »
Nous avons trouvé aux archives communales de Dormans une copie des testament et codicilles, expédiée par les
notaires sur leur minute, et collationnée sur l'expédition
en papier qui était aux archives du collège de Louis le
Grand en 1768.

Avant-dernier codicille. — 1729, 15 février.

———

« L'an mil sept cent vingt-neuf, le mardi
» quinzième jour de février, sur les dix
» heures du matin, au réquisitoire de

» M⁰ Jean Vittement, prêtre, ancien recteur de l'Université
» de Paris, ci-devant lecteur des enfants de France et
» sous-précepteur du roi, les notaires au Châtelet de Paris
» soussignés se sont transportés en l'appartement que
» ledit sieur Vittement occupe au fond du jardin des reli-
» gieux de la Doctrine chrétienne, sur les fossés des fau-
» bourgs Saint-Marcel et Saint-Victor, paroisse Saint-
» Etienne du Mont, où étant, ayant trouvé ledit sieur
» Vittement malade de corps, toutefois sain d'esprit,
» mémoire et entendement, comme il est apparu auxdits
» notaires par ses entretiens, il leur a représenté son tes-
» tament et ses codicilles olographes dont lecture lui ayant
» été faite à sa réquisition, ils sont demeurés joints à la
» minute des présentes pour y avoir recours, après les
» avoir signés et paraphés au dos du dernier des huit
» feuillets qu'ils contiennent, en présence des notaires
» soussignés auxquels testament et codicilles dont la pre-
» mière date est du 22 juillet 1715, ledit sieur Vittement
» désirant faire du changement et augmentation, il a par
» forme de dernier codicille dicté et nommé auxdits
» notaires soussignés ce qui suit :

» C'est à savoir qu'il veut que le legs de trois mille
» livres par lui fait à Marie Vittement sa cousine germaine
» qui est décédée, et celui fait à Claire sa fille, accroisse
» tant à Marie Clouet sa fille survivante qu'à la fille de
» Jeanne Clouet, suivant son codicille du 9 novembre 1725,
» outre ce qui leur appartiendra personnellement et par
» représentation conformément auxdits testament et codi-
» cille;

» Révoque ledit sieur Vittement le legs et disposition du
» contrat de 2,700 livres sur la ville en faveur de M⁰ Pierre
» Vittement son cousin, comme y ayant pourvu autre-
» ment depuis ledit testament;

» Déclare ledit Vittement qu'il donne et lègue à la
» paroisse Saint-Hippolyte de Dormans la somme de six
» mille livres une fois payée, qui sera employée à la fon-
» dation de deux sœurs grises, l'une desquelles servira de
» maîtresse d'école pour les filles, après la mort de la
» maîtresse d'école qui est actuellement entretenue (1) et
» qui le sera audit lieu jusqu'à sa mort aux dépens dudit
» sieur testateur et de sa succession, à la charge de l'obit
» solennel marqué en l'article III dudit testament, lequel
» article demeurera inutile au moyen de la présente dis-
» position;

» Confirme le legs de mille livres fait par l'article VIII
» à la maison de Saint-Charles, et outre veut qu'il soit
» fondé en ladite maison un service solennel de saint
» Jean-Baptiste, le jour de cette fête, avec un panégyrique
» pour la rétribution duquel ledit sieur Vittement se
» réserve de convenir avec MM. de ladite maison, sinon
» elle sera arbitrée avec les sieurs exécuteurs des testa-
» ment et codicilles;

» Veut que tous ses habits soient distribués et partagés
» également entre les domestiques qu'il aura au jour de
» son décès, tenant l'exception marquée par l'article IX
» dudit testament;

» Donne et lègue à Pierre Fichon, fils de Philippe
» Fichon son ancien domestique, la somme de mille livres
» une fois payée;

» Donne et lègue à Nicolas le Batteux dit Picard, son
» second garçon, la somme de trois cents livres une fois
» payée, conformément à ce qu'il a donné pour l'article XII

____

(1) Pour cette école fondée en 1700, Vittement donnait 100 livres
par an; le curé de Dormans y ajoutait ce qu'il fallait pour l'entretien des sœurs.

7

» de son testament à Philippe Fichon, outre les autres
» legs à eux faits par lesdits testament et codicilles ;

» Ledit sieur Vittement destine, donne et lègue sa mai-
» son sise rue de la Pissotte à Dormans (1) aux deux sœurs
» grises par lui ci-dessus fondées, outre les six mille livres
» ci-dessus léguées pour ladite fondation ;

» Donne et lègue à Marie Clouet, fille de défunte Marie
» Vittement, la maison sise au faubourg d'en haut à Dor-
» mans ;

» A l'égard des vignes, il les donne et lègue à celle de
» ses cousines qui en jouit actuellement et à laquelle il en
» a abandonné l'usufruit ;

» Révoque le legs de deux mille livres par lui fait à
» Jean-Claude Bailly, par son codicille du 18 mars 1725,
» comme n'étant plus son domestique ;

» Ajoutant aux dispositions portées par lesdits testament
» et codicilles, ledit sieur Vittement donne et lègue aux
» pauvres de la paroisse Saint-Etienne du Mont la somme
» de cinq cents livres une fois payée, et pareille somme
» aux pauvres de la paroisse de Dormans aussi une fois
» payée ;

» Donne et lègue encore à ses deux domestiques les lits
» garnis et meubles qui se trouveront dans les chambres
» de chacun d'eux au jour du décès dudit Vittement ;

» Et pour exécuter lesdits testament et codicilles olo-
» graphes avec le présent, ledit sieur Vittement a choisi
» et nommé les personnes de M. de Boisbrun, porte-
» arquebusier du roi d'Espagne, et de Mᵉ Pierre Vittement
» à présent curé d'Attichy, les priant d'en prendre la

---

(1) Ce n'est pas dans cette maison que l'école de filles fut établie,
mais dans une autre, proche de l'église, et dont nous parlerons
plus loin ; mais de 1700 à 1735, nous ne savons pas où était fixée
l'école de la sœur Moutonnier.

» peine conjointement, se dessaisissant en leurs mains de
» ses biens suivant la coutume, priant ledit sieur de Bois-
» brun d'agréer le plus beau des tableaux dudit sieur
» Vittement au choix dudit sieur de Boisbrun ;

» Révoquant ledit sieur Vittement tout testament et
» codicille autres que ceux joints à la minute desdites pré-
» sentes, et le présent auquel seul il s'arrête, en ce qui
» n'y est point changé par le présent, comme étant ses
» dernières intentions ;

» Ce fut ainsi fait, dicté et nommé par ledit sieur Vitte-
» ment auxdits notaires soussignés, et ensuite à lui par
» l'un d'eux, l'autre présent, relu, qu'il a dit avoir bien
» entendu, et y a persévéré, en ladite chambre sus-
» désignée, les jour, heure et an susdits, et a signé avec
» lesdits notaires soussignés.

» J. Vittement ; Doyen et Valet,
» notaires, avec paraphes. »

Suit la teneur dudit testament :

Testament
du 1er août
1715.
—

« Au nom du Père et du Fils et du Saint-
» Esprit,

» N'étant presque plus occupé que des
» pensées de la mort dont Dieu me donne de continuels
» avertissements, tant dans la personne de mes amis qui
» sont enlevés à mes yeux, que dans mon propre corps où
» je crois entendre une réponse de mort, par une notable
» indisposition que j'ai sujet de croire être mortelle quoi
» qu'elle ne paraisse pas au dehors, j'ai cru devoir
» employer le bon et sain jugement qu'il plaît à Dieu de
» me conserver, à déclarer en peu de mots ma dernière
» volonté, que je souhaite être fidèlement exécutée après
» ma mort, n'ayant point en cela de vues que je ne croie
» conformes à la volonté de Dieu.

» I. Je déclare que je veux vivre et mourir dans le sein

» de la sainte Église catholique et romaine, la reconnais-
» sant pour ma véritable mère, espérant que par elle
» j'aurai Dieu pour père ; c'est dans ces dispositions
» qu'après avoir recommandé mon âme à Dieu, je déclare
» que je veux être enterré en terre sainte, voulant que
» mon corps repose avec ceux des fidèles dans la commu-
» nion desquels je veux mourir; et parce que la chapelle
» du collège de Beauvais est l'église que j'ai le plus fré-
» quentée pendant ma vie, je veux y être inhumé laissant
» à la disposition des maîtres du collège le choix de la
» place où on mettra mon corps.

» 11. Dieu m'ayant donné beaucoup plus de bien que je
» n'en ai jamais espéré, ni désiré, et le voulant partager
» entre mes parents que je regarde comme les premiers
» pauvres, et les autres pauvres dont Dieu veut aussi que
» nous ayons soin, voici la disposition que j'ai cru en
» devoir faire :

» Je laisse et lègue à chacun des sous-nommés la
» somme de trois mille livres une fois payée, espérant que
» par le moyen de cette somme et par leur frugalité ils
» auront le moyen de subsister sans être à charge à per-
» sonne (1). Les personnes à chacune desquelles je laisse
» cette somme de trois mille livres, sont :

» Marie Vittement, ma cousine germaine tant du côté
» de feu mon père que du côté de feu ma mère, et ses
» trois filles Claire, Marie et Jeanne qui ne sont que mes
» cousines issues de germaines. Je les mets en la même
» place que leur mère, en considération de feu mon père

(1) Si on multiplie par 4 pour avoir la valeur actuelle, on verra
que 150 livres de rente annuelle à cette époque équivalent à 600 fr
d'aujourd'hui. Avec leur travail et le logement, c'était donc une
belle aisance que Vittement assurait à chacun de ses parents.

» qui me l'a fait ainsi recommander à sa mort par M. le
» curé de Dormans ;

» Deux cousins germains que j'ai du côté de feu mon
» père seulement, qui sont Pierre Vittement demeurant
» présentement à Ay, et un frère qu'il a, dont je ne sais
» pas le nom de baptême, demeurant en Lorraine ou aux
» environs ;

» Et deux sœurs dont j'ignore pareillement le nom de
» baptême, dont l'une est mariée à Dormans et y demeure,
» et l'autre demeure à Reims.

» Quoique le contrat de deux mille sept cents livres (1)
» de principal sur l'Hôtel de Ville, que j'ai donné à
» M° Pierre Vittement mon cousin, prêtre, vicaire de
» Damery, pour lui servir de titre clérical, soit réuni avec
» les autres contrats que j'ai sur la ville, mon intention
» n'est pas pour cela de l'en frustrer ; je déclare donc que
» je veux qu'il jouisse pendant toute sa vie de cette rente
» sur le pied de la réduction qui en a été faite, comme à
» lui appartenant et qu'elle passe après lui à ses héri-
» tiers.

» III. Je laisse à la paroisse de Saint-Hippolyte de Dor-
» mans la somme de trois mille livres (2) une fois payée,
» qui seront employées à la fondation d'une maîtresse
» d'école pour les filles aux mêmes conditions auxquelles
» j'ai depuis plusieurs années entretenu une maîtresse
» d'école dans cette paroisse (3), après que M. le curé

(1) Le codicille du 15 février 1729 révoque ce legs, comme y
ayant été pourvu autrement depuis le testament.

(2) Le même codicille de 1729 porte cette somme à 6,000 livres aux
mêmes conditions.

(3) Cette école gratuite de filles avait été ouverte à Dormans en
1700 ; la sœur Anne Moutonnier en était la maîtresse : nous en avons
parlé précédemment.

» m'en a représenté la nécessité. Mais je souhaite que sur
» cette somme de trois mille livres on prenne celle qui
» sera nécessaire pour la fondation d'un obit solennel qui
» sera dit et célébré dans l'église de cette paroisse tous
» les ans le jour de mon décès, et où on priera Dieu aussi
» pour le repos des âmes de feu mon père et de feu ma mère.

» iv. Je laisse au collège de Beauvais, fondé en l'Uni-
» versité de Paris, la somme de six mille livres qui seront
» employées à la fondation d'une bourse dans ce collège
» aux conditions ci-dessous mentionnées.

» v. Je laisse au même collège la somme de trois mille
» livres une fois payée, qui sera employée à augmenter de
» cent francs par an les appointements de M. le sous-
» maître, ce qu'il reçoit du collège n'étant pas suffisant
» pour le faire subsister honnêtement; ma vue est d'atta-
» cher dans cet emploi un homme de mérite qui soit
» capable d'élever et de conduire les boursiers dans la
» piété et dans la science.

» vi. Je laisse au même collège la somme de trois mille
» livres pour faire un fonds qui servira à aider les pauvres
» boursiers de Dormans et non autres, particulièrement
» quand ils viendront s'établir dans leur bourse. MM. les
» curé et principal de Dormans indiqueront à MM. du
» collège de Beauvais les enfants qui auront besoin de ce
» petit secours.

» vii. Je laisse au même collège la somme de cinq mille
» livres pour rendre à cette maison ce que je peux en
» avoir reçu pendant tout le temps que j'y ai joui de
» quelque revenu en qualité de boursier et de chapelain ;
» je souhaite seulement que sur cette somme le collège
» s'oblige :

» 1° A donner à la veuve Deduy, qui m'a servi pendant
» plusieurs années, une rente viagère de deux cents livres
» par an qui retournera après sa mort au profit du collège ;

» 2° Que le collège prenne sur cette somme celle qui
» sera nécessaire pour la fondation d'un obit à perpétuité
» qui sera dit dans la chapelle tous les ans et le jour de
» mon décès. J'espère qu'en considération de ma bonne
» volonté on voudra bien me recommander à toutes les
» prières qui se feront dans la chapelle. Je voudrais pou-
» voir faire à l'égard de tous les officiers du collège ce
» que je fais à l'égard de M. le sous-maître, mais mes
» facultés ne vont pas jusque-là. Si Dieu me laissait encore
» quelques années sur la terre pour y faire pénitence et
» que je fusse payé des appointements que le roi a la
» bonté de me donner, j'en pourrais employer une partie
» à augmenter les bourses de quelque chose, les pauvres
» ont trop de peine à y subsister (1).

» VIII. Je laisse aux Pères de la Doctrine chrétienne de
» la maison de Saint-Charles, où je demeure depuis
» quelques années, la somme de mille livres une fois
» payée, sur quoi ils seront obligés de célébrer un service
» solennel dans leur chapelle, tous les ans, le lendemain
» du jour de mon décès, auquel ils inviteront M. le sous-
» maître du collège de Beauvais et les petits boursiers de
» Dormans.

» IX. Je laisse à mon garçon Philippe Fichon qui me
» sert depuis quelques années, la somme de deux mille
» livres en considération de sa fidélité et de sa pau-
» vreté (2), si pourtant il est encore à mon service alors
» de ma mort. Je lui laisse aussi tous mes habits à la
» réserve du meilleur de mes habits longs et de mon

---

(1) Comme ce petit mot en dit long sur la vie dure des écoliers
d'alors, travail, privations, etc.; qu'on était loin du confortable sco-
laire d'aujourd'hui !

(2) Il mourut avant son maître, et Vittement légua 1,000 livres à
son fils Pierre Pichon.

» manteau de camelot que je veux que l'on donne à
» Me Pierre Vittement, prêtre et vicaire de Damery ; je
» donne aussi à mon garçon le lit dans lequel il couche,
» avec les draps qui s'y trouveront.

» x. Je laisse à la paroisse Saint-Etienne de la Breille,
» au diocèse d'Angers, la somme de mille livres une fois
» payée, en forme de restitution de ce que je peux avoir
» reçu pendant le temps que j'ai été prieur.

» xi. Je laisse à la veuve Deduy la somme de trois cents
» livres une fois payée, que je souhaite qu'il lui soit
» donné aussitôt mon décès, afin de la mettre en état
» d'attendre le premier quartier de sa pension.

» xii. Je laisse à mon garçon pareille somme de trois
» cents livres qui lui sera aussi payée immédiatement
» après ma mort.

» Je prie M. Bucaille (1), mon ancien ami, de vouloir
» bien être exécuteur du présent testament avec Me Pinot,
» curé de Dormans, et Me Pierre Vittement, vicaire de
» Damery ; je laisse au premier la somme de mille livres une
» fois payée pour le soulagement de sa vieillesse ; je laisse
» au second mon saint Bernard des Pères bénédictins, avec
» le tableau de saint Jean l'Evangéliste qui a été tiré sur
» celui du grand autel du collège de Beauvais ; et au troi-
» sième généralement tous mes manuscrits qui, pour la
» plupart, contenant les réflexions que j'ai faites pendant
» les dernières années de ma vie sur l'Ecriture sainte et
» particulièrement sur le nouveau Testament, pourront lui
» être utiles dans son ministère, qui doit être principale-
» ment celui de la parole de Dieu ; qu'il prenne garde seu-
» lement dans la lecture qu'il en fera qu'en beaucoup
» d'endroits, j'ai plutôt donné l'essor à mon esprit pour

(1) En 1699, Me François Bucaille était sous-maître à Dormans-
Beauvais et en même temps chapelain.

» voir jusqu'où on pourrait porter certains principes, que
» je n'ai prétendu dire mon sentiment ni celui de l'Eglise,
» à laquelle je soumets très sincèrement et de tout mon
» cœur ce que j'ai jamais dit, écrit et pensé;

    » C'est dans ces sentiments que je veux vivre et mourir
» et que je m'en vais signer ce présent testament.

    » Pour ce qui regarde le peu de bien que j'ai eu de mes
» bons parents et qui m'a servi de titre clérical, voici la
» disposition que j'en fais : je donne ma maison pater-
» nelle, sise rue de la Pissotte à Dormans, à Pierre Vitte-
» ment, mon cousin germain, demeurant à Ay (1); je
» laisse la maison, sise au faubourg d'en haut, à Marie
» Vittement et à ses filles qui l'occupent depuis long-
» temps; pour les vignes, je veux qu'elles demeurent à
» celles de mes cousines germaines à qui j'en ai laissé
» l'usufruit pendant ces dernières années.

    » Après avoir prié Dieu de me pardonner toutes mes
» fautes qui sont en grand nombre, de bénir mes bonnes
» intentions et de m'accorder la grâce d'une bonne mort
» dans le sein de l'Eglise, dans la communion des fidèles
» et dans la repentance de mes péchés, après avoir reçu
» les sacrements de l'Eglise, j'ai signé le présent testa-
» ment cejourd'hui vingt-deuxième du mois de juillet
» 1715, à Paris, dans la maison des Pères de la Doctrine
» chrétienne de Saint-Charles, où je fais ma résidence (2).

               » *Signé :* VITTEMENT. »

(1) C'était le père du vicaire de Damery. Cette maison venait-elle
de son père, sans qu'il l'ait habitée? et quelle est cette maison ?
Quoi qu'il en soit, l'abbé Robert est formel, il fait naître Vittement
dans la maison du faubourg *d'en haut,* aujourd'hui de *Chavenay.*

(2) Qui ne sera touché en lisant ces lignes écrites avec tant de
simplicité, de piété, de charité, surtout si pleines du souvenir de
son enfance et de sa jeunesse, des souffrances qu'il y avait endu-
rées, des bienfaits qu'il y avait reçus!

Au-dessous est écrit :

« Suivent les conditions auxquelles je fonde dans le
» collège de Beauvais la bourse dont j'ai parlé dans mon
» testament. Ce sera une bourse de théologie, et, commen-
» çant à la première année de théologie, elle conduira
» celui qui en sera pourvu jusqu'au bonnet de docteur
» exclusivement. Le sujet qu'on y nommera sera actuelle-
» ment boursier dans le collège de Beauvais, où il finira
» sa bourse en finissant son cours de philosophie.

» Il sera au choix de la communauté du collège, compo-
» sée de MM. les principal, sous-maître, procureur et
» chapelains ; ces Messieurs choisiront le plus digne par
» rapport aux qualités nécessaires pour répondre à mon
» intention.

» Il aura une grande innocence et pureté de mœurs ; il
» aura donné pendant le temps de sa bourse des marques
» d'une solide piété, et le succès de ses études, tant dans
» les humanités que dans la philosophie, fera juger qu'il
» sera capable de réussir dans les classes supérieures. On
» considérera cette nouvelle bourse comme une proroga-
» tion de l'ancienne, et il ne sera mis en possession qu'en
» vertu d'un arrêt du Parlement semblable à celui qui sert
» de provision aux autres bourses. J'espère que nos sei-
» gneurs du Parlement le voudront bien recevoir sous
» leur protection comme les autres, avec cette seule diffé-
» rence que la provision des autres s'expédie sur la pré-
» sentation de M. l'abbé de Saint-Jean des Vignes de
» Soissons, et que celle du nouveau boursier s'expédiera
» sur la présentation de la communauté du collège (1). Le

(1) Nous ne savons pourquoi l'abbé Robert dit que le bureau des
marguilliers de Dormans *nommait* à la bourse Vittement ; était-ce
depuis la réunion à Louis le Grand, ou une simple *indication* de
sujet ?

» collège donnera au boursier ainsi pourvu la place qu'il
» jugera, soit dans la communauté des boursiers, soit dans
» la chapelle, et lui donnera aussi une chambre si on ne
» lui laisse celle où il se trouvera lors de la nomination ;
» il sera en tout traité comme les autres boursiers, et,
» pour cet effet, le collège prendra, sur les trois cents
» livres, qui feront le revenu de sa bourse, trois livres
» par chaque semaine ; le reste sera conservé par M. le
» procureur pour fournir aux frais de ses examens et de
» ses thèses.

» Il prendra le degré de maistre ès arts à ses dépens ;
» mais on lui fournira pour les autres degrés ce qui res-
» tera du revenu de sa bourse, après qu'on aura pris les
» trois livres pour sa nourriture pour chaque semaine (1).

» Il ne perdra pas de temps dans le cours de ses études,
» je veux dire qu'après les trois années de théologie, il
» subira ses deux examens pour le baccalauréat et sou-
» tiendra sa tentative.

» Si dans l'intervalle des deux ans entre la tentative et
» la licence, il veut aller au séminaire, on lui donnera
» autant qu'il aura reçu dans le collège pour sa nourri-
» ture, et le reste sera pareillement réservé pour fournir
» aux frais de ses examens et de ses thèses.

» Le sujet qui sera choisi étant pris d'entre les boursiers
» sera par conséquent toujours du diocèse de Soissons,
» avec préférence pour ceux de Dormans, s'ils étaient *ad*
» *æqualia* avec d'autres ; mais s'ils se trouvaient inférieurs
» dans aucune des qualités mentionnées, ils ne jouiront
» d'aucun privilège, et cette même préférence des enfants
» de Dormans sur ceux du reste du diocèse, je souhaite

(1) Alors un homme pouvait vivre avec 156 livres par an, multipliés par 4, soit 624 fr. de nos jours. Les deux sœurs de Dormans
n'eurent d'abord que 300 livres avec le logement.

» que mes parents, s'il s'y en rencontrait, l'ayent sur ceux
» de Dormans. Il soutiendra dans toute sa conduite la
» bonne opinion qu'on aura eue de lui, car si on s'aperce-
» vait de quelque dérangement dans ses mœurs ou dans
» ses études, il faudrait en mettre un autre à sa place, ce
» qui est laissé au jugement de ceux-là mêmes qui le
» nommeront.

» Il rendra compte tous les ans à la fin de l'année des
» études qu'il aura faites. M. le principal priera quelques
» docteurs de ses amis de l'examiner devant la commu-
» nauté, sur les deux traités qu'il aura pris pendant
» l'année, et il prendra la même précaution toutes les fois
» qu'il aura un examen à subir ou une thèse à soutenir,
» c'est-à-dire que par des examens particuliers il s'assu-
» rera qu'il est en état de s'en bien acquitter.

» Il aidera M. le sous-maître dans les fonctions de sa
» charge et prendra soin des études des philosophes et
» des théologiens. M. le principal pourra aussi l'employer
» à la place de MM. les régents, quand ils seront ou indis-
» posés ou absents, me proposant de former un sujet qui
» soit propre à tous les exercices du collège, et qui puisse
» un jour remplir dignement non-seulement une place de
» régent, mais encore la place de sous-maître et de prin-
» cipal, et c'est là ma fin principale dans cette petite fon-
» dation (1). Je ne saurais voir sans déplaisir qu'on soit

(1) Ne dirait-on pas que Vittement rappelle ici tous ses souvenirs
d'enfance et de jeunesse, sa gène de pauvre écolier, sa demande
de prorogation de bourse pour la théologie, ses fonctions de régent
de philosophie et de coadjuteur du principal, lui Dormaniste,
compatriote du cardinal de Dormans, du fondateur du collège ? Il
voudrait que plusieurs de ses compatriotes aient la même destinée
que lui; aussi leur ménage-t-il toute facilité pour les études,
l'entretien de la vie et l'obtention d'une place honorable. Touchante
prévoyance !

» obligé d'aller chercher dans d'autres diocèses des sujets
» pour la charge de principal dans le collège de Beauvais,
» et j'espère qu'on remédiera à cet inconvénient en
» donnant à un bon sujet le moyen de faire un bon cours
» d'études et de se rendre habile dans toutes les sciences
» où il faut instruire la jeunesse dans un collège. Car je
» suppose qu'ayant les qualités mentionnées, il ne se
» contentera pas d'apprendre deux traités par chacune
» année de théologie; mais qu'il donnera une partie de son
» temps à apprendre les langues saintes, et par ce moyen
» se rendra habile dans l'étude de l'Ecriture sainte (1).

» Je n'ai pour lors d'autre chose à dire sur cet article ni
» sur aucun autre de mon testament, j'y pourrai ajouter
» dans la suite ce que je croirai convenable si Dieu me
» laisse vivre encore quelque temps, mais pour le pré-
» sent, c'est ma volonté que je viens de déclarer. Je prie

(1) Toutes ces garanties dans le choix du candidat, ces examens
fréquents, cette surveillance, tout cela nous paraît minutieux,
mais tout cela faisait les forts sujets, les maîtres célèbres, les
hommes vertueux. « *L'instruction de l'Université*, dit Rollin, *a*
» *trois objets : les sciences, les mœurs, la religion.* » Avant la
Révolution, il y avait en France 562 collèges et 72,747 collégiens
dont 40,000 participant *à la gratuité*. Et encore les classes ne
commençaient qu'à la sixième, et il n'y avait pas de cours
primaires, préparatoires, spéciaux. Pour préparer tant d'enfants
à suivre les classes de latinité, il fallait bien des écoles élémen-
taires et bien des maîtres. C'était le résultat de fondations ana-
logues à celles du cardinal de Dormans pour son collège de Paris
et pour son collège élémentaire de Dormans. Or ces 40,000 bourses
gratuites en totalité ou en partie, se donnaient au concours :
c'était donc à l'*aristocratie* de la *démocratie* du peuple que ces
bourses étaient destinées. Le peuple s'élevait ainsi, montait, gros-
sissant l'élite de la France, portant haut le niveau des études et
nous donnant ces générations successives de littérateurs, poètes,
savants, guerriers, administrateurs, religieux ou laïques, qui sont
notre gloire. Voilà l'instruction d'avant la Révolution.

» Dieu qu'il l'agrée et la bénisse pour sa gloire, et
» MM. mes exécuteurs testamentaires qu'ils la fassent
» exécuter.

» J'ai signé la présente addition étant grâce à Dieu sain
» d'esprit et de corps, autant que la constitution de mon
» tempérament le peut permettre, le premier jour du mois
» d'août de l'année 1715, dans ma cellule de Saint-Charles
» à Paris.

» Signé : VITTEMENT. »

A côté est écrit :

« Contrôlé à Paris, ce cinq septembre 1731, reçu
» 36 livres.

» Signé : BOUDELUT, avec paraphe. »

Au-dessous est encore écrit :

Codicille
du 5 octobre
1724.
—

« En attendant que je puisse faire au
» présent testament les additions néces-
» saires, j'ai jugé à propos de régler un
» article qui m'a paru le plus pressé ; c'est à savoir que ce
» que je laisse à mes parents soit distribué à leurs enfants
» ou héritiers en cas qu'ils viennent à décéder devant
» moi, ce que je veux qu'il soit entendu de ce que j'ai
» laissé à M. Bucaille, lequel étant décédé, je veux que la
» somme par moi à lui laissée soit donnée à Mlle sa nièce,
» veuve de son neveu, et à sa petite nièce appelée Made-
» leine Bucaille, fille de la susdite veuve, et non à ses
» autres enfants.

» J'ai fait cette présente addition à mon testament, étant
» grâce à Dieu sain de corps et d'esprit, autant que mon
» âge et la faiblesse de ma constitution le peuvent per-
» mettre, le 5 octobre 1724, à Paris, dans ma cellule de
» Saint-Charles.

» Signé : VITTEMENT. »

Au-dessous est écrit :

Codicille
du 18 mars
1725.

——

» Aujourd'hui, 18 mars de l'année 1725,
» après avoir dit la sainte messe et avoir
» prié Dieu comme je le prie encore dans ce
» moment, de rectifier et bénir mes intentions, je déclare
» que j'ajoute aux articles précédents de mon présent tes-
» tament, la somme de deux mille livres à Jean-Claude
» Bailly, mon domestique, pour lui être distribuée après
» mon décès, par l'exécuteur ou les exécuteurs de mon
» testament, si pourtant il est à mon service au temps de
» ma mort, ou qu'il en soit sorti de mon bon gré et pour
» de bonnes raisons, ce que je déclarerai à mon confes-
» seur auquel il faudra ajouter foi.

» Fait à Paris, dans ma cellule de Saint-Charles, lesdits
» jour et an que dessus.

» *Signé :* VITTEMENT. »

En marge est écrit :

» Contrôlé à Paris, le 5 septembre 1731. Reçu 24 sols.

» *Signé :* BOUDELUT. »

Au-dessous est écrit :

Codicille
du 9 novembre
1725.

——

« Aujourd'hui neuvième jour de no-
» vembre 1725, ayant appris que la
» nommée Jeanne Clouet, l'une de mes
» cousines issues de germaines, était décédée, je déclare
» que ma volonté est que sa fille, mariée à un rubanier
» demeurant au faubourg Saint-Laurent, soit au lieu et
» place de sa mère, et qu'elle jouisse de ma succession
» aux mêmes conditions qu'elle, selon qu'il est porté
» dans le corps de mon testament, ce que je fais en consi-
» dération de la pauvreté de cette femme et du grand
» nombre de ses enfants.

» Fait à Paris, dans ma cellule de Saint-Charles, lesdits
» jour et an que dessus.

» *Signé :* VITTEMENT. »

Au-dessous est encore écrit :

<table>
<tr><td>Codicille
du 24 octobre
1727.
—</td><td>« Aujourd'hui 24 octobre de l'année
» 1727, j'ai jugé à propos de faire cette
» addition à mon présent testament, en</td></tr>
</table>

» faveur de Nicolas Batteux, dit Picard, à cause de son
» pays, que j'ai pris à mon service depuis quelques jours,
» auquel je laisse, en considération des services qu'il me
» rend et que j'espère qu'il me rendra jusqu'à ma mort,
» la somme de deux mille livres que je prie mon exécu-
» teur testamentaire de vouloir bien lui payer comptant
» aussitôt après mon décès.

» Fait à Paris, dans ma cellule de Saint-Charles, auxdits
» jour et an que dessus.

» *Signé :* VITTEMENT. »

Au-dessous est encore écrit :

<table>
<tr><td>Codicille
du 19 juillet
1729.
—</td><td>« Et le 19 juillet 1729 sur les dix heures
» du matin, au réquisitoire dudit Me Vitte-
» ment, qualifié au codicille ci-dessus et</td></tr>
</table>

» des autres parts, lesdits notaires soussignés, se sont
» transportés en l'appartement sus-désigné dudit sieur
» Vittement, où étant l'ayant trouvé indisposé dans sa
» chambre, toutefois sain d'esprit, mémoire et entende-
» ment, comme il en apparut auxdits notaires soussignés,
» par ses actions et entretiens, et nouvelle lecture lui ayant
» été faite à sa réquisition par l'un desdits notaires sous-
» signés, l'autre présent, de sesdits testament et codicilles
» qu'il a dit avoir bien entendu, ledit sieur Vittement a,
» par forme de dernier codicille, dicté et nommé auxdits
» notaires soussignés ce qui suit :

» C'est à savoir que pour ne laisser aucune ambiguité
» au sujet des dispositions par lui faites en faveur tant de
» Marie Clouet, fille de feue Marie Vittement, que de la fille
» de Jeanne Clouet, il révoque lesdites dispositions comme

» non faites, et au lieu d'icelles il donne et lègue par le
» présent codicille à ladite Marie Clouet la somme de trois
» mille livres une fois payée, et pareille somme de trois
» mille livres à ladite fille de Jeanne Clouet, à quoi ledit
» sieur Vittement restreint uniquement lesdites dispositions
» qui concernent lesdites deux parentes ;

» Veut et ordonne ledit sieur Vittement que les sieurs
» exécuteurs ci-après nommés du présent codicille et des
» précédents et dudit testament, aient la faculté de régler
» avec MM. les supérieurs du collège de Beauvais toutes
» les difficultés qui pourront se rencontrer dans l'établis-
» sement et exécution de la fondation ordonnée au collège
» de Beauvais fondé en l'Université de cette ville ;

» Veut et ordonne ledit sieur Vittement qu'en cas
» qu'après l'accomplissement de toutes ces dispositions,
» il reste encore des effets de sa succession, lesdits effets
» appartiennent, et il les donne et lègue savoir, moitié
» aux parents dudit sieur Vittement, qui, selon lesdits
» testament et codicilles, se trouveront n'avoir eu aucune
» part en ses biens, et l'autre moitié aux pauvres de la
» paroisse de Dormans, et aux pauvres de la paroisse
» Saint-Etienne du Mont de cette ville, à partager égale-
» ment entre eux ;

» Révoque ledit sieur Vittement la nomination par lui
» faite des personnes des sieurs de Boisbrun et Vittement
» pour exécuter lesdits testament et codicilles, et en leur
» lieu et place, il nomme le R. P. Chabert, prêtre de la
» congrégation de la Doctrine chrétienne, et Auguste-
» François Bidault, écuyer, valet de chambre ordinaire du
» roi et de l'éducation de Sa Majesté, les priant d'en
» prendre la peine conjointement, se dessaisissant en
» leurs mains de ses biens suivant la coutume, priant
» particulièrement ledit sieur Bidault d'agréer le plus
» beau des tableaux dudit sieur Vittement, au choix dudit

» sieur Bidault, auquel il en fait don, confirmant au sur-
» plus lesdits testament et codicilles en ce qui n'y est
» point changé par le présent qui est la dernière volonté.

» Ce fut ainsi fait, dicté et nommé par ledit sieur Vitte-
» ment auxdits notaires soussignés, et ensuite à lui par
» l'un d'eux, l'autre présent, relu, qu'il a dit avoir bien
» entendu et y a persévéré en son dit appartement, les
» jour, heure et an susdits, et a signé avec lesdits notaires
» soussignés.

» *Signé* : Vittement ;
» Doyen et Valet, notaires. »

« L'an 1735, le 8 juin, ces présentes ont été expédiées
» par nous notaires soussignés sur leur minute étant
» ensuite l'une de l'autre et original dudit testament y
» annexé, le tout étant en la possession de M. Brelut de la
» Grange, l'un d'eux comme successeur dudit M. Valet ci-
» devant notaire à Paris.

» *Signé* : Michelin et Brelut de la Grange. »

» Collationné sur l'expédition en papier étant aux
» archives du collège de Louis le Grand, par moi soussi-
» gné, garde desdites archives, le 4 mai 1768.

» Reboul. »

Amortissements, francs-fiefs et usages.

» Je soussigné, conseiller du roi, receveur général des
» domaines et bois de la ville et généralité de Paris,
» reconnais avoir reçu de MM. du collège de Beauvais, à
» Paris, par les mains de M. Varoquier, procureur et rece-
» veur du collège, la somme de 2,033 livres 6 sols
» 8 deniers pour les droits d'amortissement, dus à cause
» de six mille livres d'une part, pour fondation d'un
» grand boursier, trois mille livres d'autre part pour aug-
» mentation d'appointement du sous-maître, trois mille
» livres pour en être le produit distribué aux pauvres

» boursiers de Dormans, et deux cents livres en principal
» pour fondation d'un obit au collège pour l'âme de
» M. Vittement, etc., etc.; pour raison de quoi ledit
» collège a été compris dans l'état de contrainte décernée
» par Charles Juon, fermier desdits droits, du 20 octobre
» 1731, de laquelle somme de 2,033 livres 6 sols 8 deniers,
» je quitte le collège, etc.

  » Paris, 12 décembre 1735.

    » *Pour quittance desdits droits d'amortissement.* »

Autres fondations de M. Vittement.

1° *Fondation de saluts et d'un obit.*

« Le 18 octobre 1730, par-devant les notaires royaux,
» furent présents messire Jean Vittement, prêtre, ancien
» recteur de l'Université, ci-devant lecteur des enfants de
» France et sous-précepteur de Sa Majesté, demeurant à
» Paris dans la maison Saint-Charles de la Doctrine chré-
» tienne, et Me Nicolas Faguier, sous-maître du collège de
» Beauvais, au nom et comme procureur des sieurs curé,
» ancien curé, chapelain, juge ordinaire, procureur fiscal,
» marguilliers tant en charge qu'anciens, syndic et prin-
» cipaux habitants de la paroisse de Saint-Hippolyte de
» Dormans, fondé de leur procuration, etc. (1);

  » Lesquels ont dit que le sieur Vittement, mû de piété

(1) C'étaient Adrien Manscourt, curé de Dormans de 1724 à 1758. — J. Pinot, licencié en droit canon, ancien curé démissionnaire de Dormans. — Pelletier, vicaire. — Pierre Du Chesne, chapelain aumônier du prince de Ligne. — Remy Massé, principal du collège. — Nicolas Dupuy, déan et juge ordinaire de la justice et deannée dudit Dormans. — Remy d'Huic, procureur fiscal de ladite justice. — Nicolas Delaulne, greffier de la justice dudit lieu. — Delaulne, marguillier en charge. — Devigneux, ancien marguillier.

L'acte ne cite pas ces noms. mais par des pièces contemporaines nous avons pu établir la liste des notabilités de Dormans en 1730.

» et de dévotion, et voulant en tant qu'il est en son pou-
» voir procurer l'édification des paroissiens et habitants
» de ladite paroisse, lieu de sa naissance, aurait fait pro-
» poser au sieur curé, etc., de faire différentes fondations,
» et notamment :

» 1° De douze saluts du Saint-Sacrement qui seraient
» dits tous les troisièmes dimanches de chacun mois de
» l'année, pendant lesquels le Saint-Sacrement serait
» exposé ;

» 2° D'un sermon et d'un autre salut de saint Jean,
» apôtre et évangéliste, patron dudit Vittement, qui serait
» prêché et dit le jour et fête du saint de chaque année ;

» 3° Et encore un obit qui serait aussi dit, par chacun
» an, jusqu'à son décès, à l'intention de ses défunts père
» et mère, le 29 décembre (1), et après son décès à la
» même intention et à l'intention d'icelui sieur Vittement
» à pareil jour qu'il décédera, après lequel obit serait dis-
» tribué à cinquante pauvres à chacun deux sols, ce qui
» ferait cent sols de distribution, le tout à perpétuité.

» Pour la célébration desquels saluts et obit et pour le
» sermon, ledit sieur Vittement aurait offert cent livres de
» rente au denier quarante, au principal de quatre mille
» livres sur les aides et gabelles de Paris ; cette proposi-
» tion a été acceptée par les habitants de Dormans. »

Suit le détail : 1° de ce qui sera chanté à ces douze saluts du troisième dimanche de chaque mois ; ce sont les chants liturgiques en usage de nos jours ; 2° du sermon et salut de la fête de saint Jean, apôtre ; c'est le panégyrique du saint, et le salut est un salut ordinaire. Le tout terminé par un *Libera* et un *De Profundis* pour ses père et mère et pour lui.

« Et pour rétribution de tous ces offices, de chacun des-

(1) C'était le jour du décès de son père, en 1691.

» quels saluts et pour chacun salut et pour chacun obit, il
» sera payé quinze sols au curé, dix sols au vicaire, dix
» au principal, dix au maître d'école et dix à l'organiste,
» dix sols aux quatre enfants de chœur, cinq au bedeau
» et dix sols aux sonneurs et enfin trois livres pour le
» sermon. »

Le sieur Faguier, fondé de pouvoir pour la fabrique et communauté de la paroisse de Dormans, adhère à toutes ces conditions et obligations, en retour des cent livres de rente léguées par le sieur Vittement.

2° Fondation d'une école gratuite de filles.

« Egalement ledit sieur Faguier, au nom et comme pro-
» cureur et fondé de pouvoir des sieurs curé, etc., de la
» ville et communauté de Dormans, accepte la fondation
» de deux places de sœurs noires qui seront établies audit
» Dormans, pour solliciter, visiter et soulager les pauvres
» malades, travailler à faire une école charitable pour les
» pauvres filles, pour laquelle fondation ledit sieur Vitte-
» ment donne six mille livres de deniers comptants, et
» cent trente livres de rente sur les aydes et gabelles, au
» principal de cinq mille deux cents livres à prendre; on
» emploiera les six mille livres comptant à l'exécution de
» ladite fondation en acquisition d'héritages, et on prendra
» sur les cent trente livres, cent livres par an pour avec
» le produit de l'héritage qui sera acquis de six mille
» livres, être employées à la nourriture et entretien des
» deux sœurs noires, et les trente livres de surplus
» employées, savoir : dix livres à acheter des heures,
» catéchismes, imitations de J.-C., ordinaires de messe,
» etc., pour les pauvres; et vingt livres pour avoir lits,
» matelas, linge et autres choses dont les pauvres malades
» auront le plus de nécessité. »

Vittement avait un contrat de deux cent trente livres de

rente sur les aydes et gabelles; il en donne cent trente
plus six mille livres comptant pour la fondation des
sœurs; les cent autres livres du même contrat sont pour
la fondation des saluts et obit. Le principal de ces deux
cent trente livres de rente était de 9,200 livres (1).

Terminons la série de ces actes de charité par les
comptes des aumônes de Vittement, distribuées à Dormans, en son absence, mais en son nom et par son ordre :

« Pour régler avec M. l'abbé Vittement depuis notre
» dernier compte, dont voici l'arrêté au bas du mémoire
» écrit et signé de la main de M. l'abbé Vittement, qu'il a
» bien voulu me renvoyer, pour ôter toute difficulté après
» nous (2).

» Mémoire de ce que j'ai tiré pour M. l'abbé Vittement
» depuis le 9 octobre 1711 jusqu'au mois de novembre
» (non compris) 1719 et par son ordre.

» Articles ordinaires :

» 1° Pour la première année commencée du 1er no-
» vembre 1711 au 1er novembre 1712.

» A Marie Vittement pour ses 12 mois....   72ᴵ 0ˢ 0ᵈ

» *Plus* à la même Marie Vittement pour sa
» taille et capitation de ladite année.......   5 10 0

(1) Ces diverses fondations de Vittement, spécialement la grande
bourse à Dormans-Beauvais et l'école gratuite de filles à Dormans,
eurent un meilleur sort que ses manuscrits et que les trente mille
livres confiées à son cousin. Nous préparons en ce moment une
étude complète sur l'instruction à Dormans avant la Révolution :
la fondation et l'histoire du petit collége, des petites écoles pour
les garçons, de l'école de filles et enfin du collége de Dormans-
Beauvais; le nom de Vittement reparaîtra souvent dans ces
pages.

(2) Une simple quittance, sans mémoire, du huitième jour du
mois d'octobre 1707, dit : « Nous avons compté, M. Vittement et
» moi, ce que nous avons tiré l'un pour l'autre, et nous sommes
» demeurés quittes. »

» *Plus* à la sœur Anne Moutonnier pour
» l'école qu'elle fait, le soin qu'elle prend des
» pauvres et des malades, par la charité de
» M⁵ Vittement, payées par quartier et
» d'avance, en tout...................... 100 0 0
   » *Plus* pour les droits seigneuriaux de
» ladite année 1711, dus par M. l'abbé Vitte-
» ment pour ses deux maisons et vignes....   1 11 3
   » *Plus* à Marie Vittement pour son chauf-
» fage............................... 12 10 0
   Deuxième année, d'octobre 1712 à novembre 1713. Ce sont les mêmes articles que ci-dessus, et les mêmes sommes; également pour les années 1714 et 1715 (troisième et quatrième).
   Cinquième année, de 1715 à 1716, les mêmes cinq articles encore et les mêmes sommes, plus :
   « Envoyé par M. l'abbé Vittement pour son chauffage à
» Marie Vittement (et c'est la dernière fois qu'elle l'a reçu
» étant morte environ cinq mois après)....... 12ˡ 10ˢ
   Sixième année, d'octobre 1716 à 1717 :
   « A Claire Clouet et à sa sœur, six livres par mois,
» continué depuis la mort de leur mère; M. l'abbé Vitte-
» ment ne m'ayant point parlé dans sa lettre de leur
» continuer le chauffage, ni taille, donné pour ladite
» année...... .... 72ˡ 0ˢ 0ᵈ
   » Pour les droits seigneuriaux..........   1 11 3
   » A la sœur Anne Moutonnier.......... 100 0 0
   La septième année et la huitième, 1718 et 1719, relatent les trois mêmes articles ci-dessus et les mêmes sommes.
   « Articles extraordinaires de ce que j'ai tiré pour
» M. l'abbé Vittement, à commencer dès le temps qu'il
» était ici dans son dernier voyage, et par son ordre.
   » A Féval, bedeau lors du départ de
» M. Vittement...................... 1ˡ 10ˢ 0ᵈ

» A Avoie Hugé........	1	10	0
» A M. Egan, médecin, pour visite à » M. Vittement incommodé	2	10	0
» A ma sœur pour les aumônes qu'elle a » faites les dimanches ici pendant que » M. Vittement y était, et par son ordre....	5	0	0
» Pour deux aumônes extraordinaires, une » à un officier de marine les jambes coupées, » et une à un ecclésiastique passant, cinq » sols chacun...........................	0	10	0
» Pour deux ports de lettre	0	7	0
» A deux servantes qui ont apporté quelque » chose à M. Vittement, par personne........	0	20	0
» Rendu à ma sœur.......	1	0	0
» A la sœur Anne Moutonnier pour lui » avoir une paire de souliers, trente sols, » pour M. l'abbé Vittement, lui en ayant » donné autant de mon côté	1	10	0
» A Thiébault, mon garçon, suivant l'ordre » apporté par le postillon de M. Vittement..	5	0	0
» Pour avoir fait mener au bateau trois » caques de vin de M. Vittement et pour » l'entrée	2	16	9
» Au serrurier pour réparation à la maison » Vittement, pour y faire entrer M. le Poivre » en 1712......	2	8	0
» Pour autre réparation à ladite maison de » la rue de la Pissote	9	0	0
» Pour réparation à l'autre maison du fau- » bourg......................	6	5	0
» Plus................................	5	13	0

Suit un détail de frais de plâtre, tuiles, lattes, clous pour les deux maisons du faubourg et de la rue de la Pissote.

« A M. Vittement, séminariste, d'une
» retraite au séminaire pour les ordres.....　25　0　0
　　» Au même Vittement, séminariste, pour
» sa dernière retraite au séminaire pour la
» prêtrise....................　..........　40　0　0
　　» Une aumône à Avoic Hugé...........　2　0　0
Et à la suite on lit :
　　« Mémoire de ce que j'ai reçu de M. Vittement pour les
» déboursés ci-dessus.
　　» D'abord reçu de lui par les mains de Vittement, sémi-
» nariste...... ....　150 livres.
　　» Plus...... ....　150　—
　　» Plus par M. Fatou, sous-maître.......　64　—
L'arrêté de comptes a été écrit, comme il suit, de la
main même de l'abbé Vittement :
　　« Le présent mémoire a été arrêté avec M. Tarlan
» chargé à cet effet d'une lettre de M. Pinot, au moyen de
» quoi lui ayant donné la somme dont je me trouvais
» redevable et dont j'ai quittance, nous sommes demeurés
» quittes l'un envers l'autre, lui de ce que j'ai donné pour
» lui et à son ordre à Paris, et moi de tout ce qu'il a
» donné pour moi et à mon ordre à Dormans jusqu'à
» l'année 1719 exclusivement. En foi de quoi j'ai signé ce
» 16 janvier 1720.

　　　　　　　　　» J. VITTEMENT. »

On lit encore :
　　« Pour régler avec M. l'abbé Vittement depuis notre
» dernier compte dont voici l'arrêté au bas du mémoire
» écrit et signé de la main de M. Vittement, qu'il a bien
» voulu me renvoyer pour ôter toute difficulté après nous ;
» le présent mémoire a été arrêté avec M. Tarlan, etc. (et
» ici sont cités textuellement les termes de la quittance
» ci-dessus);
　　» Depuis donné pour M. Vittement à la sœur Anne

» Moutonnier................................	100¹	0ˢ	0ᵈ
» A Claire Clouet et pour sa sœur.......	72	0	0
» Plus à la pauvre femme que M. Vitte-			
» ment m'a recommandée par ses lettres, en			
» 5 fois.................................	3	10	0
» Et les droits seigneuriaux.............	1	11	3
» En 1720, à la sœur Anne Moutonnier...	100	0	0
» A Claire Clouet et pour sa sœur.......	72	0	0
» Et les droits seigneuriaux.............	1	11	3
» Et pour la pauvre femme, etc.........	2	10	0

Toutes ces dispositions charitables de Vittement complètent heureusement l'esquisse que nous avons tracée de sa vie. Nous regretterons moins la perte de ses savants travaux manuscrits, en considérant tous les trésors de bonté que Dieu avait mis en lui.

Désormais Vittement nous est suffisamment connu. Ses talents, ses vertus, ses emplois, ses bienfaits, la délicatesse et la discrétion qui caractérisaient sa charité, feront à jamais de cet homme l'honneur de son pays. Puisse la lecture de sa vie, tout imparfaite qu'elle est, lui susciter beaucoup d'imitateurs !

Dans la pensée du grand annaliste de Rome, c'est à cela surtout que doivent servir les hommes de bien : s'ils se survivent dans la mémoire des générations, c'est pour être leurs modèles, c'est pour nous indiquer à tous, par leurs exemples, la voie dans laquelle il nous faut marcher.

TABLE DES MATIÈRES.

Châlons. Imprimerie F. THOUILLE.